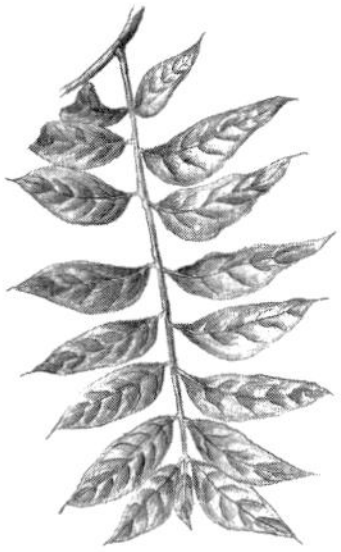

11元的鐵道旅行

劉克襄 著

目次

自序

11元的鐵道旅行 04

喧嘩旅驛

平溪站 張君雅小妹妹的小鎮 10

十分站 幸福車站在哪裡 20

知本站 遙遠的家園 30

鳳山站 魅力無窮的兵仔市場 40

高雄站 老車站前的公共汽車站 48

集集線 高中女生的旅行 56

大甲站 沒有鎮瀾宮的大甲 66

寂寞小站

三貂嶺站 全世界最貴重的孤獨 76

牡丹站 最後的硬紙票 88

二結站 無所事事的小站 98

和平站 失去和平的山谷 108

山里站 傳說中，到不了的車站 118

後壁站 走路去無米樂的家園 128

新埔站 永遠一個人的車站 138

高速風景

我是高鐵人 148

搭高鐵，宛如看生態電影 154

搭高鐵看桐花 160

冬末午後二點半的高鐵 166

高鐵站旁的土地公 174

風物尋味

侯硐站前的兩家麵攤 184

平溪線的箭竹筍 192

宜蘭線上的火車便當 198

大埤、小米蝦和池上便當 204

愈燒愈旺的奮起湖老街 210

活在鐵路便當下 218

新版後記

15週年重修感懷 223

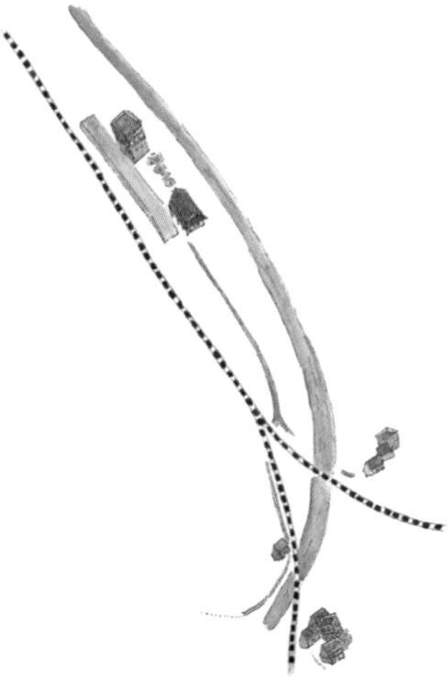

自序

11元的鐵道旅行

台灣最慢的火車，最短區間的里程，最便宜的旅次，票價是11元。

比如，池上至富里、壽豐至志學、萬榮至鳳林之類。有趣的是，如今它們幾乎都集中在花東縱谷。

質言之，11元潛藏著，緩慢的節奏、淳樸的生活、迷人的風物。更湊巧的，「11」也隱含著另一層意象：「我是坐11路來的」，以二條腿旅行。

十多年來，我的漫遊，如是不斷地實踐著。從東部到西部，從北迴到南迴。甚而，從台鐵到高鐵。

我保持高度的浪漫，有一點懷舊。自得其樂地，發揮到極致。

為何如此執著？

這種情境自童年延伸出來後，似乎未曾斷奶。五歲尚未離開烏日九張犁時，大清早，祖母帶我到水田插秧，旁邊就是鐵道。小學時就讀台中大同國小，旁邊也是鐵道。

再大一點，居家離鐵道遠了。自己在房間玩火車，依舊興奮地搭建各種複雜的路線，搜集各種材料。努力造橋鋪路，甚而興建市鎮。年紀更大時，我的熱情持續不減，蒐集各個年代的鐵道圖，繪製車站周遭環境。繼續摸索消失的車站，發掘新增車站的妙義。

年少時玩火車，可以關在房間內一整天。現在迷火車，彷彿一輩子都可以鎖在台灣。儘管鐵道消失很多，鐵道交通彷彿沒落了。但我的鐵道記憶，不只橫向拓展，上下亦根鬚般縱深。悄然地，從小苗，似乎有了喬木的身影。

百年前，火車出現在台灣時，凡其馳騁停靠之地，往往帶來鉅烈的生態環境破壞。如今火車沿著鐵道行駛，載著多數人來去，不再噴出濃密的黑煙。相對於，汽機車的隨意來去，一二人成行，消耗大量的石油。它反而變成較為環保的交通工具。

火車的來去拘限於固定路線，軌道不輕易隨山勢起伏，彷彿減緩了人類破壞土地的面積。鐵道事物乃逐漸變成守舊的代名詞，火車停在面前，或者一條鐵軌的橫陳，都明白地告訴你，「很抱歉，我只能這樣，只能到此，其他就靠你自己了。」

靠什麼方式呢？下了車，我幾乎都用走路。我的鐵道旅行，大抵是以這種節奏存在的。常以車站為中心，在周遭不斷地漫行、散步。不論大站小站、喧嘩寂寥，我好奇地尋訪市井鄉野。

鐵道不是一把尺，而是圓規。車站為針尖腳，我是那活動的鉛筆腳。慢吞地畫出半徑或圓圈，丈量著經過的大城大鎮小村小落。透過此類鐵道旅行，我的書寫當然更無法自滿於硬紙票、號誌燈、轉轍器之類的元素，或者懷舊地尋訪老車頭。我經常脫軌，溢出鐵道的思考範疇。

我不是一個鐵道迷。或者，我是另一種，11元那種，大家還不認識的鐵道迷。我酷愛小題大作，牽扯很多乍看跟火車無關的內容。但或許，這才是真正的鐵道風物，只是過去搭火車的人較少注意。

高鐵是另一類型的火車，速度較快的火車。它的出現，我不得不，把自己的旅行地圖畫大一些。但仍是我的國界，仍是11元的內涵。我學習，從快中找慢，從科技中發現自然。也藉由高鐵經過的新地理，接觸到另一個台灣，另一個自己。

這本鐵道旅行蒐集了千禧年以來，我在各地搭乘台鐵和高鐵的見聞。一個人的，結伴的。也有上百人旅行，像候鳥的集團遷徙。對我而言，鐵道不只是旅行，它還是鄉土教學，也是環保教育，自然教學不可或缺的課程。

搭火車是快樂而知足的旅行。凡鐵道周遭的餖飣小物，都想悉心摩挲，抽剝出興味。

搭火車是環保而簡樸的旅行。花費很少，卻耗費很多時間。但那是用最輕微的自己，在接觸這片土地。

搭火車是安全而緩慢的旅行。我把自己交給一輛駛向遠方的列車，彷彿把自己的一輩子交給另一個人，腦海卻更從容地，面對世界。

我像小孩子在野地探險，活蹦亂跳，消耗不完活力。自以為有一個秘密基地，自己是首領。在鐵道的世界裡，我永遠長不大，也不想長大。持續握著11元的車票。

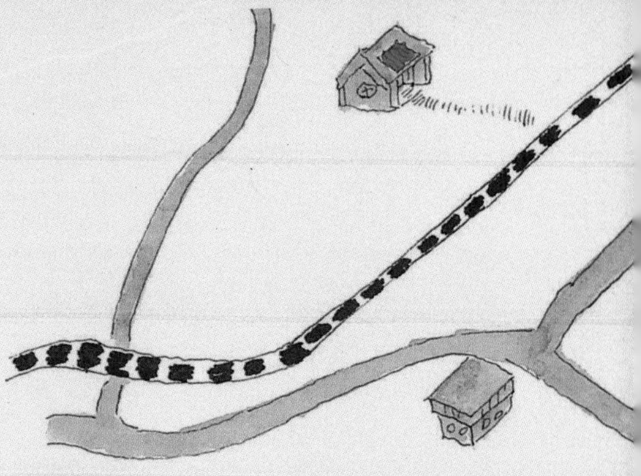

喧嘩旅驛

平溪站

孝子山、慈母峯等崖壁，
豔紅鹿子百合偶爾可見。
平溪小學也在後方。

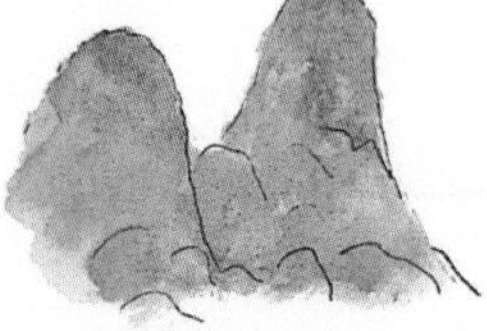

孝子山、慈母峰，
被稱為平溪線的小黃山

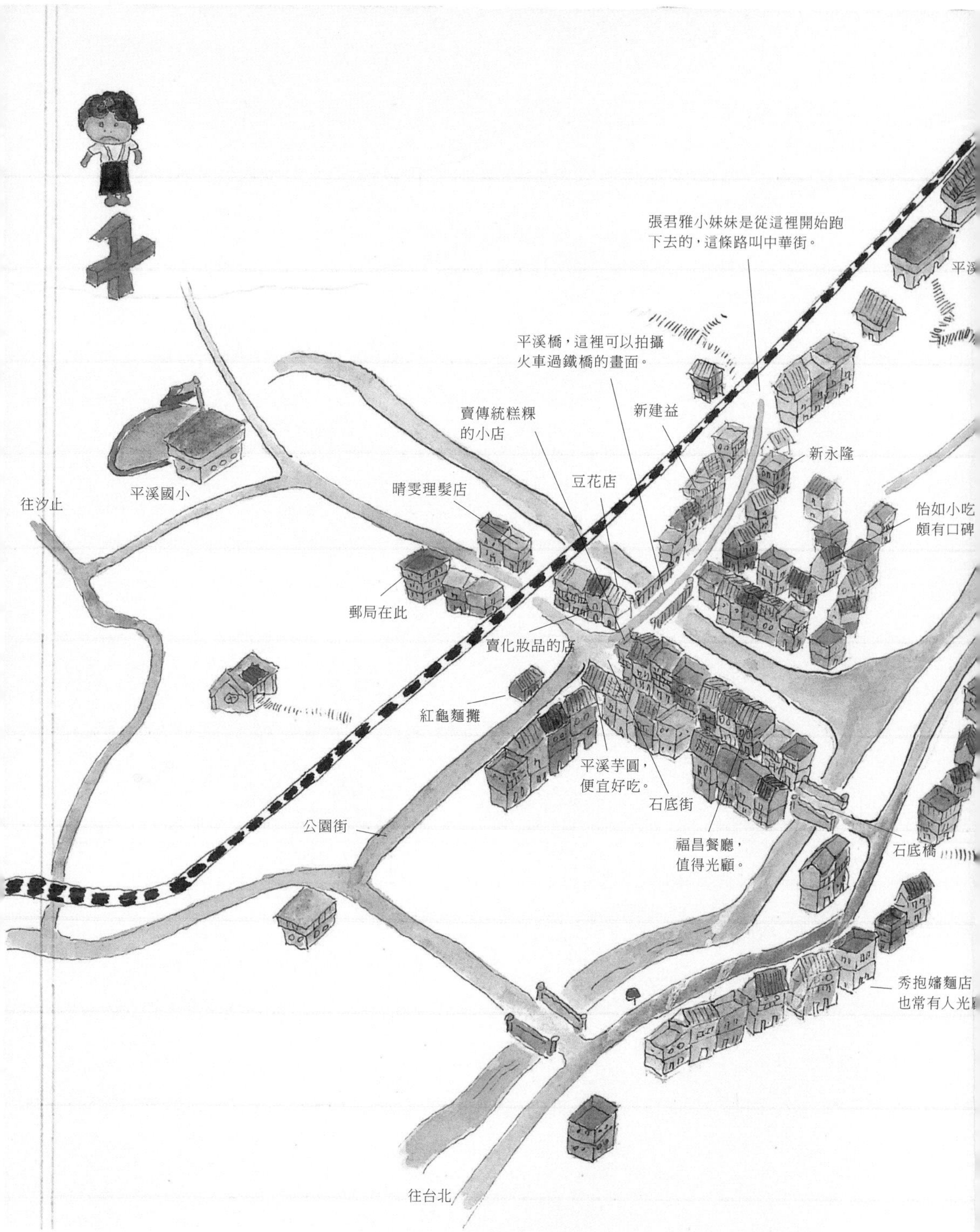
張君雅小妹妹是從這裡開始跑
下去的，這條路叫中華街。
平
平溪橋，這裡可以拍攝
火車過鐵橋的畫面。
新建益
賣傳統糕粿
的小店
新永隆
豆花店
晴雯理髮店
怡如小吃
頗有口碑
平溪國小
往汐止
郵局在此
賣化妝品的店
紅龜麵攤
平溪芋圓，
便宜好吃。
石底街
公園街
福昌餐廳，
值得光顧。
石底橋
秀抱嬸麵店
也常有人光
往台北

張君雅小妹妹的小鎮

電視廣告裡，村子的廣播器大聲放送著：「張君雅小妹妹，你家的泡麵已經煮好了，你阿嬤限你一分鐘以內趕緊回去呷……」這時只見，仍穿著學校白衣黑裙的她，套著笨重的木屐，喀隆喀隆，著急地跑下石板道的巷弄，趕回家去。

這一淳樸的小鎮畫面，相信大家都還印象深刻。張君雅跑過的石板道叫中華街。如果這是真實的故事，我猜，她本來可能正在鐵道邊和同學玩耍，那兒有一家打鐵舖，老師傅已經很少開爐。

此段中華街約一百公尺。按理，張君雅小妹妹跑下去的時間，可能是下午放學沒多久，也有可能是暑假。

總之，這時段絕不是例假日。如果是那時候，張君雅一路跑下去，絕對會撞到許多遊客。甚至，根本不用跑了。街上太多遊客的喧嘩聲，再如何廣播，恐怕都沒幾人聽得清楚泡麵的訊息。

張君雅趕回家的路上，會先經過幾家仍在營業的老店。右邊的新建益商號，裡面擺列著五金和農耕器具。

這段鐵道有什麼好拍的？答案在17頁。

三四十年前慣用的農家物件頗多。老板娘最愛津津樂道，張君雅跑下去的場景，彷彿昨天才發生。一提到她，好像在談出嫁的女兒。

斜對面則有一家雜貨行，叫新永隆商店，販賣一些傳統的食材，都會罕見的蘿蔔絲、紅花米等，這邊還相當常見。它的旁邊是一間此地著名的順發黑豬肉舖，這時可能打烊了。

張君雅繼續跑。越過平溪橋前，橋頭有一家咖啡簡餐店，但經營沒多久就歇業。此一早夭，告知了，此地並不流行咖啡這種時髦飲料。隔鄰的菁桐迄今約有八九家，這兒卻一間也難以維生，顯見兩個小鎮間，在生活內容與觀光發展上，勢必有著微妙的歧異。

越過平溪橋時，旁邊牆壁漆塗著愛護社區、關懷他人之類的標語和漫畫。這些圖文被刻意彩繪，似乎突顯了，此一小鎮意欲維持的民風。

隨即，張君雅來到了小鎮唯一的十字路口。

如果她家在左邊，沿著這一方向的石底街，起始就是間賣稻草煉粿和刺殼粿等鄉土糕食的小店。但這款時日，沒什麼客人，製作

福昌餐廳以傳統辦桌料理出名，菜餚豐盛，適合一桌人共享。

不曉得在這兒能不能剪出和張君雅
一樣的髮型？

老太太的芋圓是自家手工製作的，
物美價廉。

平時，一位中年婦人固定開小貨車到
平溪販售蔬果，補充此地的食材。

例假日時，旅客太多了。一位女生機伶地
在車站後面找到一方小天地。

洗完臉，抹上真珠膏，一瓶搞定！
阿嬤的保養就是這麼簡單。

豆花店旁的雜貨舖，不止賣女人的
化妝品，還有「男子漢」木屐。

非假日時，徜徉在平溪的石板道上，最能感受小鎮的淳樸風情。

的老人多半在二樓休息。

只有對面的手工芋圓依舊熱賣，便宜大碗，芋頭又特別香。美好的口碑，早就傳開甚久。晚近，它也常被拿來和九份的芋圓比較。此間的芋圓原料主要來自大甲，早年是一位老先生經營，後來由外甥女承繼，已經開了三十多年。

張君雅若住的更遠，接近石底橋那邊。她還會經過更多店家。比如，她偶爾感冒要拿藥的瑞安診所，專賣豆餅和中藥草的雜貨舖，還有名聞遐邇的福昌餐廳。這家店以傳統的辦桌料理出名，在餐廳從事炊煮工作的，都是老嫗和老漢。平溪小鎮的餐飲特色，當以此店為鵠首。

張君雅的家若是從十字路口繼續

往前，那兒是公園街。一家倚著鐵道斜坡搭起的小攤，叫紅龜麵店，生意挺興隆的。一對小姊妹花放學後，常在這兒幫忙父母。例假日，更常忙得不可開交。她們都就讀平溪國小，學校就這麼一百人，張君雅一定認得她們。

假如張君雅的家位於學校附近，她應該向右轉，經過裝潢煥然一新的山泉豆花店，還有那間主要販售著阿嬤化妝品的雜貨舖，裡面還陳列著救面真珠膏、白熊脂潤膚霜和明星花露水等舊式的化妝保養品。她若繼續往上跑，旁邊就是每隔一段時候，都得去剪頭髮的晴雯理髮店。然後，再過去，從立著綠色老郵筒的郵局，往上瞧，小學校就不遠了。

籠統說來，不論張君雅跑向哪一邊，這一個範圍大抵是平溪小鎮最熱鬧的精華區，也是例假日時，觀光客最愛走逛的老街。

我卻喜歡非例假日到來。黃昏時，徜徉在街道上，想像著張君雅小妹妹跑過石板道，踩踏出響亮的聲音，以及那急切的表情。

我也會看到張君雅的同學們，在這條老街周遭的角落，繼續他們的捉迷藏，或者在基隆河釣魚。也有的，在家裡幫忙做生意，或

許多鐵道迷偏愛捕捉火車過鐵橋的懸空畫面。對不起，我沒等到。

照顧著店面。這裡有老人緩慢的聲音和身影，但也有很多孩童稚嫩而吵雜的歡笑聲，支撐起平溪小鎮的歲月，也活絡了近鄰的十分和菁桐。

只是，晚近聽聞，平溪線三小鎮的三所小學，因招生不足，可能要合併為一所。其中的兩個小鎮，將會沒有小學。這是晴天霹靂的可怕消息。你能想像菁桐竟無小學，十分老街也沒有孩童來去的情景嗎？小鎮只剩下老人和外勞，它還有什麼朝氣？

還有，這個廢校政策，其實也跟我們的旅遊休閒息息相關。它們或許不是什麼充滿建築特色的小學，值得參訪。旅遊指南裡，也不會有這些小學的介紹。但走進校園參觀，都能清楚感受此地師生的用心。

這是三所不同風貌的鄉村小學，各自摸索著地方的日常風俗。當來自都會的孩子看到這些鄉下孩童對待自然的角度，以及呈現的作品，一定感觸良多。大人也會有一個對照，了解鄉下的孩子，如何在電腦網路不發達和沒有便利商店的地方成長。

除了天燈、瀑布、煤礦和火車，平溪線的美好，更在於，還有

平溪橋邊醒目的標語和漫畫，
讓小鎮更添懷舊風情。

這麼幾所充滿特色的小學。這一個面向，始終被人忽略。三個小鎮，三所近百年小學之存在，讓平溪線呈現細膩的多樣化。張君雅小妹妹能夠無憂無懼地跑過街上，也是因為這些學校強調鄉土與自然教學。

在這些偏遠的小鎮巷弄，除了老人，繼續有小學的鐘聲，以及孩子嬉戲的笑聲，平溪線才算正常地活著。(2008.3)

附註：張君雅的風潮已過，但老街的一些元素和標誌依稀存在。

十分站

珠蔥，香而不嗆，
簡單清炒就是美食。
十分老街的乡飲店
提供這道當地栽種的蔬菜。

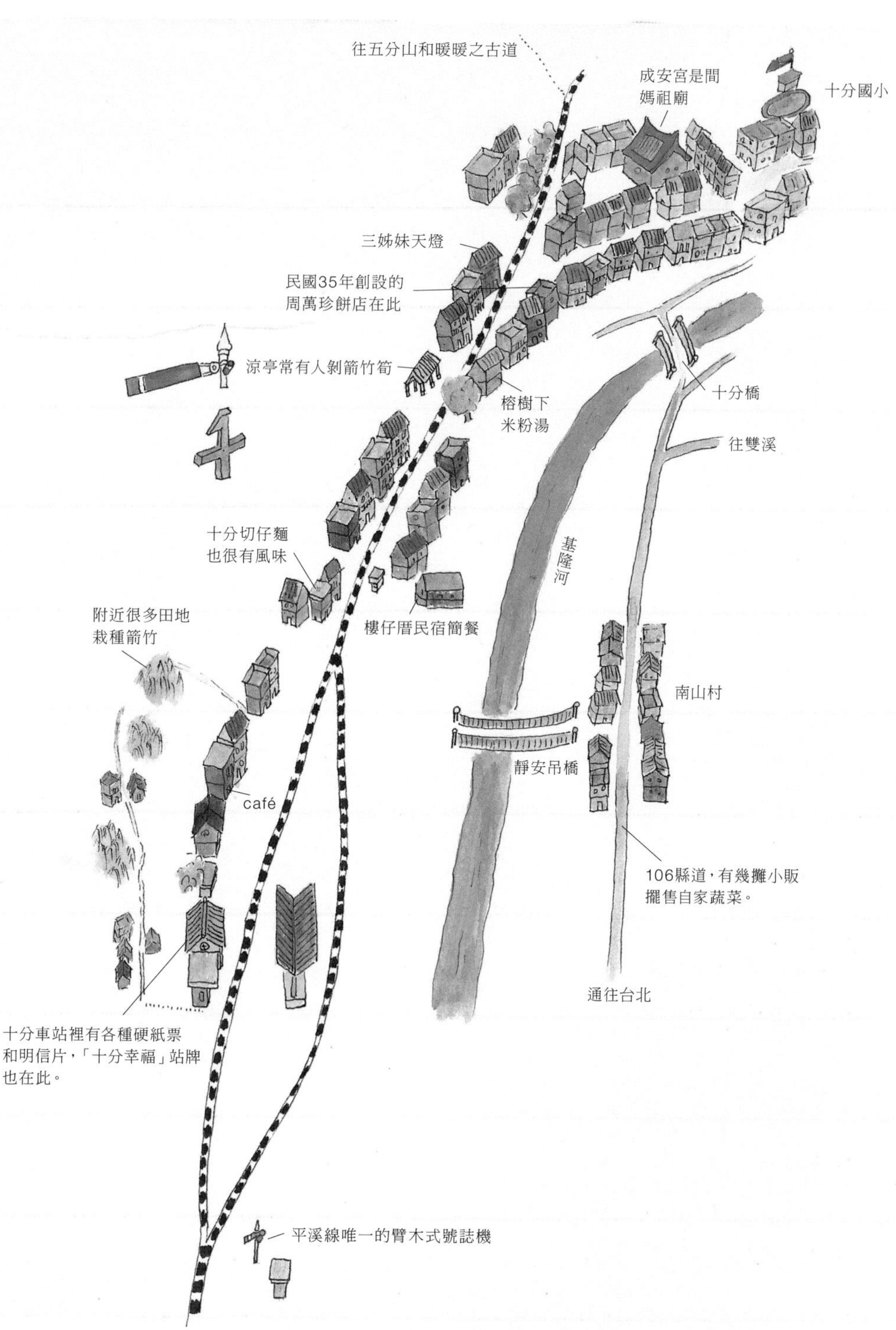
往五分山和暖暖之古道
成安宮是間
媽祖廟
十分國小
三姊妹天燈
民國35年創設的
周萬珍餅店在此
涼亭常有人剝箭竹筍
榕樹下
米粉湯
十分橋
往雙溪
基隆河
十分切仔麵
也很有風味
樓仔厝民宿簡餐
附近很多田地
栽種箭竹
南山村
靜安吊橋
café
106縣道，有幾攤小販
擺售自家蔬菜。
通往台北
十分車站裡有各種硬紙票
和明信片，「十分幸福」站牌
也在此。
平溪線唯一的臂木式號誌機

幸福車站在哪裡

在平溪線旅行，步入十分車站時，遊客不免會看到鐵道故事館的一角，擺放著一個白色的屋型木牌，標示著「十分幸福」。

等到了最後一站菁桐，車站隔壁的甘仔店，門口邊也豎立著一個醒目的屋型木牌，書寫著斗大的「菁桐↕幸福」，凡抵達菁桐者勢必望見。

邂逅這兩個車站的木牌後，相信許多不熟稔平溪線的遊客，都會以為，十分和菁桐之間，好像還有一個叫幸福的車站。

再者，沿著各站的老街走逛。好幾間商舖擺售的硬紙票和木板明信片裡，除了平溪線各站的地名，也會看到「幸福」，夾雜於「追分成功」、「永保安康」等著名車站之間。再加上，諸多「幸福」的裝飾物件，彷彿真有此站的存在。

於是，有一回例假日，我便親眼邂逅了這樣的趣事。那天，從菁桐搭乘下午三點十一分的柴油車回家。這一班往往擠滿遊玩結束，趕著回到都會的遊客。從起站，我就被迫擠在車門口。

臂木式號誌機是鐵道的紅綠燈，紅色的臂木下垂表示進路開通，平舉則是險阻。

抵達十分車站時，等候上車的遊客更多了。一對熱戀的年輕男女挨上來後，甜蜜地擁著，緊靠在我旁邊。一會兒後，女生困惑地問男友，「十分過去了，幸福在哪裡？」

那男的竟自以為是地回答，「可能在中途某一站，火車剛剛經過，我們沒有下去。」

我聽到了，差點笑出聲。現在的孩子真是五穀不分，村鎮不清啊！

緊接著，我突然若有所悟。啊，還真得感謝他呢！多幸經此一誤打誤撞的白目回答，我竟萌生了一些感想。

其實，真有「幸福」這一站的，只是這一站不在台灣。

在哪裡呢？地點還真遙遠，竟遠在日本北海道，札幌市北部，一個叫幸福（Kofuku）的小鎮。那兒還殘存著廢棄的鐵道，以及一個廢棄的車站，幸福驛。

那裡地處偏遠，沒有熱鬧的聚落，缺乏住宿設施。想要造訪

不曉得誰出的鬼點子，「十分幸福」搶眼地坐落於車站一隅。

它，恐怕還得空出一整天，專門走訪一趟呢。

但這樣的幸福，值得嗎？有些日本鐵道迷還蠻喜歡的，他們寧可選擇這一個旅遊指南不會提到的另類景點，特別前來觀賞，再寫張「幸福」的明信片，寄回家裡。不知，同樣喜愛漢字深意的同胞們，對這個地方是否好奇？

我倒是有一個古怪的想法，或許日後，可以把這兩座絕不可能連接的車站，以心靈相通之意，來個跨海的姊妹站結合。

前些時，我去十分國小講演，順便跟在地社區的朋友分享此一有趣經驗。進而鼓勵他們，或可跟北海道的幸福小村聯繫看看。以前不少日本人在平溪線採過煤礦，說不定還有令人更意外的連結呢！

沒想到，這對情侶的滑稽對話，竟激發我產生如此聯想。再換另一個角度思考，我或可微妙地說，打開平溪線的地圖，確實是沒有幸福這一站。但幸福這一站，也可能潛藏在心裡，是不能說的。

那是整個過程的享受，當你的旅行滿意了，每一站都會是幸福

買張木板明信片，蓋印撰文，不論寄給自己或友人，都超有FU。

的車站。假如你的旅行尋常，只是吃吃喝喝，可能就到達不了那幸福的地方。

後來，在一趟平溪線旅行裡，我如此跟隨行的高中女生解釋。她們似乎懵懂未知，卻又一針見血地，有著另類觀點的反應。按她們的意思，好像只要能夠出來，不用待在家裡，就是幸福了。

果然，十七歲是寂寞的！

日後，又有一回，非假日，從十分搭火車，經過奇險的眼鏡洞瀑布以及瑰麗的十分瀑布。再穿過低海拔罕見的蓊鬱森林，悄然抵達大華站時，我竟有著被原始大自然洗禮的快樂，因而更加感懷。

其實，華者，花也。我們常以幸福花開，形容事情的圓滿。大華乃花朵盛開之意。十分大華，不就是十分幸福更深層的情境嗎？

再者，循十分老街徜徉，跨過旁邊的靜安吊橋，就是南山村了。看到「南山」二字，除了陶淵明的「採菊東籬下，悠然見南山」，腦海不免還浮昇這些詩句：

周萬珍餅店的傳統糕點
曾是平溪線最夯的伴手禮。

對我而言，老木桌、老木櫃是甘仔店的靈魂。十分老街上還有舊時的甘仔店三、四間。

在老街上小坐，喝咖啡時，或許火車就會緩緩經過身邊、經過菜攤。十分老街就是這樣活著的。

君是南山遺愛守，我為劍外思歸客。
蘇東坡／滿江紅

君言不得意，歸臥南山陲。
王維／送別

北闕休上書，南山歸敝廬。
孟浩然／歲暮歸南山

南山，在騷人墨客的心境裡，乃一世外桃源的象徵，避離亂世的隱居之地，不一定真有此鄉野。

唯隔著基隆河，吊橋對面卻真有此一南山村。二排街屋之外，好些素樸的農家沿著一〇六縣道稀疏坐落，炊煙零散。平常時日，常有三四名婦女，蹲坐路邊，各自擺售著自家的蔬果。或珠蔥或箭筍或角菜不等，果物新鮮，價錢合宜，都是當地特產。以前經過時，常停車買一二小物，活絡地方產業，兼及增廣生活見識。

想起大華望及南山，我都覺得是十分近鄰的美好，不免懷念起那對年輕情侶，真希望有機會再遇見，告訴他們，幸福就在十分旁邊。下一次，有機會還要再來啊！(2007.9)

附註：「十分幸福」的木牌，不知何時已被取走。

知本站

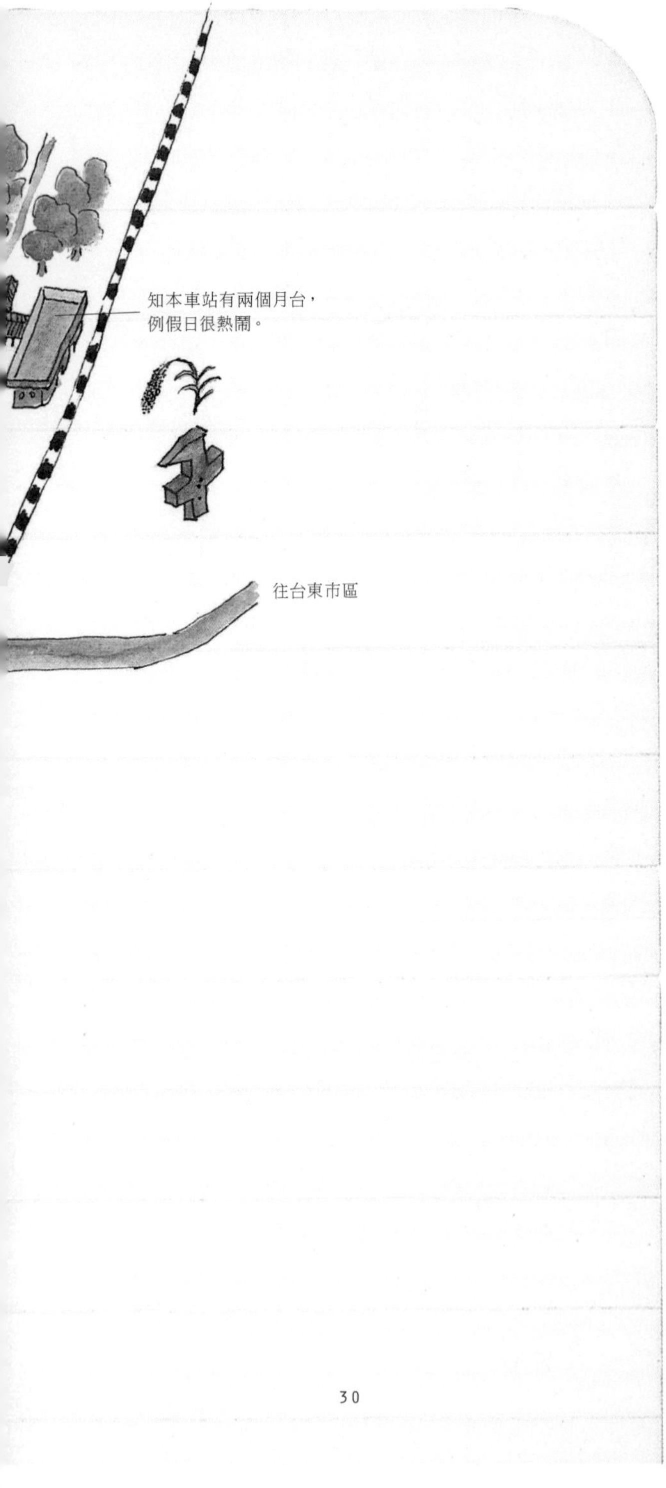
知本車站有兩個月台，
例假日很熱鬧。
往台東市區

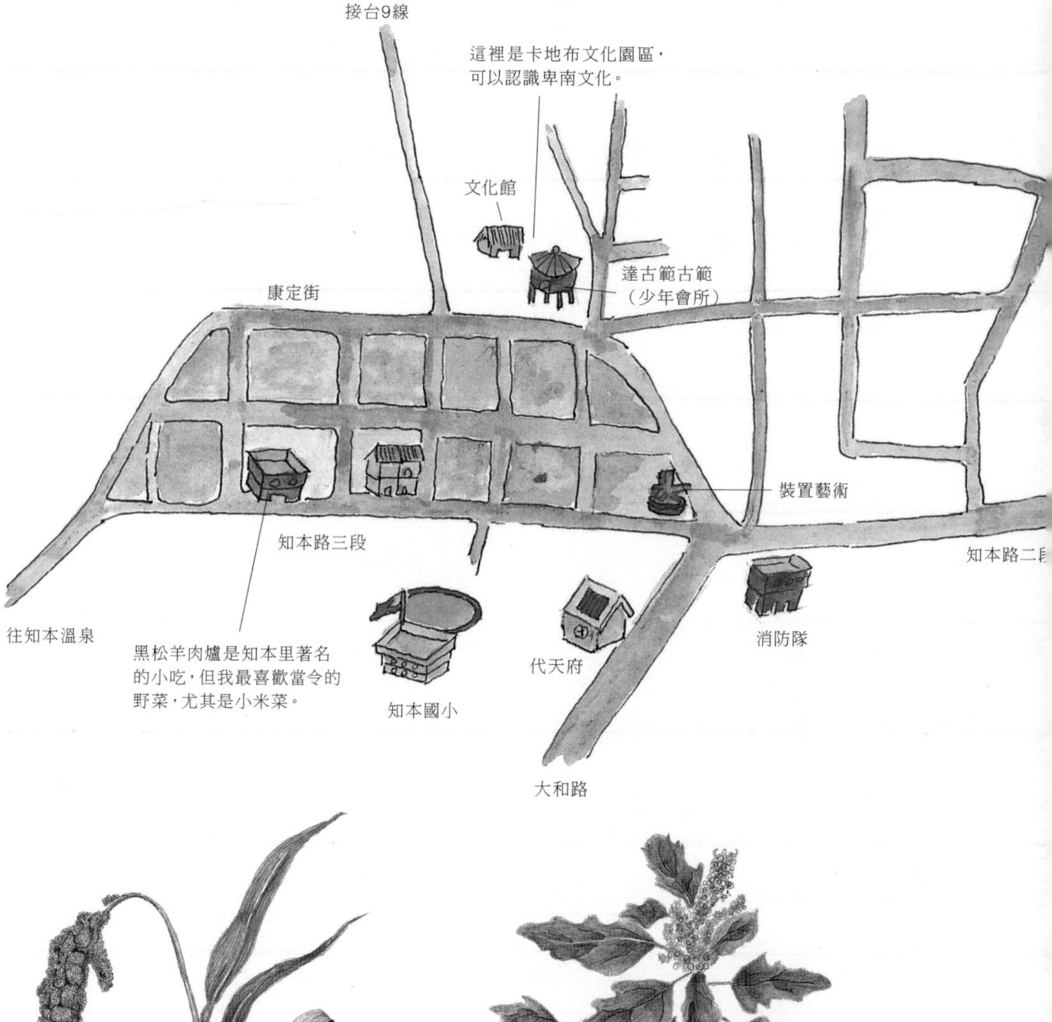

到了台東的原住民部落
小米田很容易就在田間小路
邂逅了。

小米菜俗稱狗尾菜
小時候在台中還吃過
味道不像一般野菜
有种奇異的口感。很好吃

遙遠的家園

有一回，在某一文藝營裡，講了一則火車的有趣故事後，我鼓勵同學們也試看看，敘述自己搭乘火車的特殊經驗。

或許都喜愛寫作吧，踴躍上台的，還真不少。結果，流浪的、失戀的、感傷的、幸福的……，都有人敘述了。那一堂課，學員和我在短短的兩小時裡，彷彿搭乘同一班列車，和不相識的旅人，分享著各類繽紛人生。每個人都有自己獨特的生活體驗。我們雖初識，透過火車旅行，生命情境卻拉得很近。

而那天，大家印象最深刻的，或許是一位阿美族同學了。她的綽號叫Seven。

聽到這名字，任何初識她的人，大概一輩子也忘不了，但她的故事更感人。上台後，她以略帶著原住民腔調的國語，淳樸地娓娓述說。

她出生在東部，從未離開。心目中的台北，那時是全世界最遙遠的地方，住著皮膚較白淨、有錢的漢人。但許多長輩上台北謀生回來後，都不喜歡台北，寧可在家園蟄居。

家在遙遠的大山末端，11元的藍色普快車何時帶我回去呢？

沒想到，日後她竟考上北部的大學，被迫遠離家鄉，隻身赴桃園。北上之後，迫於學費和生活費，她必須在這個繁華快速的工商社會，鎮日打工、讀書，忙碌得不知生活的意義為何。

有時夜深人靜，她仰望都市的星空，卻看不到天上的星子，只能喃喃唸著祖母的山地數字歌，懷念童年的家園。這時Seven才發現自己很孤單，原來全世界最遙遠的地方不是台北，反而是自己的老家知本。

Seven說到這裡，我突然想起，二十多年前，一回在東部登山的往事。下了山在玉里車站搭車回台北時，一起山行的布農族獵人，載著小女兒前來送行。臨行前，我興奮地高舉她，喊道，「叔叔帶妳回台北，當女兒好不好？」平時經常跟我討糖吃的伊，突地用力搖頭，哭著轉身要爸爸抱，害我好生錯愕。現在聆聽Seven的心境，我彷彿明白了。

熬不過思鄉之苦，有一天，Seven特別抽空，回家探望父母。在家待了一整天，隔日又匆促北上。一大早，父母親送她到知本車站。她走入月台，滿腦子想的盡是北部成堆的工作。

晚近，卡地布部落重新興建了三大家族祖靈屋。

當火車進站時，她聽到廣播聲：「九點四十五分往台北的火車，即將在第二月台發車了，要上車的旅客請儘速在第二月台上車。」

未幾，廣播再度傳來閩南語版的發車訊息，接著是客語版。

等她忙著提行李上車，焦急的像是趕著打卡的上班族時，突然間，又聽到了，一連串讓她停下所有動作和心思的聲音。Seven是這樣細膩形容的：

> 那是一段用阿美族語唸出的發車訊息，播報的女聲先以阿美族問候語作開場，再逐字地把國語的發車訊息翻譯成山地話。那親切溫柔的語調，一字一句像在吟唱流傳許久的古調，也像是阿嬤心情好時的喋喋叨絮。

這時她有些失神地回頭，驀然發現，雙親還站在剪票口後方，正揮舞著手，一邊以嘴示意，似乎在說再見。

那一瞬間，Seven的淚水奪眶而出，彷彿又回到十八歲以前，那個以為台北是世界最遙遠地方的女孩。

那一幕，也成了她生命中最眷戀的風景。那一幕……，Seven說到這裡時，很多同學的眼眶也都紅了，我亦哽咽地，幾乎無法接下去講課。

沒過幾個月，我前往台東，經過知本村時，突然想起Seven的故事，特別要求友人，繞至知本車站。

前些年，這個車站因李泰安搞軌案而聲名大噪，此時卻寂寥如無人之驛。買了張月台票，走進第二月台，我不禁回顧著，Seven曾敘述的場景。

我想像著，她站在月台的位置，望向剪票口。像我這樣，一個人，買了張月台票進去晃蕩，徘徊許久，火車又未進站，站務員難免出來關切。

那種眼神，好像我也要搞軌似的。我只好走過去跟他聊天，這時才知，花東線的廣播，除了國台客語之外，凡在原住民較多的地區，諸如花蓮站、台東站、玉里站，以及知本站等地，火車進出時，都有加入阿美族語廣播。

達古範古範是卑南族的少年會所，
過去男子十二歲起必須在此接受訓練。

啊，我好想聽聽那廣播！但火車遲遲未出現。抬頭看班次表，最接近的一班，還要一個小時才會進站，看來是聽不到了。

我有些失望，走到售票口，刻意再問站務員，你確定這兒有阿美族語廣播嗎？站務員點點頭，但一臉困惑，似乎又有些不高興，我為何質疑。

我也不好再追問什麼，只能訕然離開。

天氣太熱，朋友懶得下車，始終待在車子裡吹冷氣，趁機打瞌睡。當他醒來，倒車離去時，我似乎聽到，窗外傳來廣播聲。

我急忙叫朋友停駛，搖下車窗。沒錯！車站正播放著阿美族語，我雖不懂，但猜想就是火車將進站或出發，旅客該如何之類的事吧。

我衝了出來，那廣播好像又播了一回。果然如Seven所描述，那語調親切溫柔如吟唱古調。頓時，我好像仍在文藝營上課，繼續著那天不能自已的激動。

知本舊名卡地布，日治時卑南族被迫遷居於此。
阿美族的Seven一家也在此落腳。

等坐回車上，適才冷靜。那時，我確定沒有火車進站，但站務員為何廣播，是向我這個多疑的旅人證明嗎？還是他也好奇，這些話的意思，平時沒仔細聽，趁無人時播放看看？又或者，那是中午炎陽高照的熱天，我被曬昏頭了？

那天回家的路上，我不免思念Seven，也懷念獵人的小女兒。不知她長大後，是否去過台北。(2008.9)

附註：二〇〇九年元月初，再訪知本，發現東部的車站都不播放阿美族語了。聽好幾位站務員的解釋，我歸納原因，大致如下：一、播放改為電腦統一作業，新系統裡沒有阿美族語版本。二、光是閩南語、客家語和國語就很長，再加上阿美族語，播報的時間會拖太長。三、大家現在都聽得懂國語了。

出了車站，別急著離開。何妨坐在木椅上，眺望知本群山，呼吸後山清新的空氣。

吳記餅店已有七十多年历史
離第二市場不遠
富貴雙喜是它的招牌之一

鳳山站

鳳山車站
蔣介石銅像
雨豆樹，它是我小時候最喜歡爬的樹種。
光復路
曹公國小
曹公路
曹公圖書館
城隍廟
鳳山基督教長老教會
光遠路
好吃的羊肉爐，
每次來都會光顧
吳記餅店，
富貴雙喜即在此販
雙慈亭
第二市場
中正路
天公廟
鳳山國小
中山路
派出所
成功路
高雄客運總站
三民路
赤山粿是鳳山特產
第一市場
維新路
早上這裡有一麻糬小攤，
經常有人排隊。
昔時公路局車站
東便門
往陸軍官校

魅力無窮的兵仔市場

凡軍隊長年集聚或駐紮的都會鄉鎮，往往形成一個大市集。這種地方有一個奇特的名稱，叫兵仔市場。

它和傳統市場有何差異呢？這還得看位置。地點允當了，經常會撞擊出意想不到的火花。若尋常了，就跟後者沒兩樣。台灣便有好幾個熱鬧的兵仔市場，諸如左營、永康等地。以陸軍官校知名的鳳山，更是全台最大的所在。

初次去鳳山，我未帶指南，不知此一兵仔市場的存在。反而是走出車站，胡亂闖逛時，不小心遭逢的。

沿著曹公路信步，滿街蕭索，十來分鐘的荒涼後，到了光遠路，才覺得接近這個城市的心臟，整個空間和氛圍都加速了蹦跳。光遠路、維新路和中山路在這裡，奇妙地構成一個三角形地帶，成為鳳山最繁華熱鬧的區域，南邊一角即兵仔市場。

一個新都會多半以方正的棋盤街道出現，絕不會擘劃成三角形空間，造成交通壅塞的紛亂動線。何以本地竟如此狀態？

公車時刻表不在公車站，而是出現在曹公路一家懷舊餐館的壁面。

鳳山第二市場較為安靜整潔，跟第一市場僅隔一街。

原來，這兒是老舊的城區，一個清朝末年遺留下來的古城格局。街衢隨河道呈現不規則的形狀，後來演變成今日的尷尬。古蹟建築、傳統市集和商家百貨都在此集聚，所有的新路到了此，好像迷失方向般，變得歪七扭八。

兵仔市場跟一般菜市場最根本的差異，在於軍人充斥。往昔，這兒一大早便看到，部隊來的採買者，大批發似的進貨。除了蔬果，還兼及軍需品的各種補給。

這樣龐大的購物量，常刺激周遭，帶動人潮，形成豐富而物美價廉的生活圈。無怪乎，每到選舉，此地就成為兵家必爭之地。菜市場裡的人，便這麼自豪地說，「至少來一下，沒來，一點機會都沒有。」

它到底是何來歷，如何形成的呢？這個三角地帶，大致是由四個階段慢慢演化而成的。清末時，市集屬於流動攤販形式，日出而集，日入而息。當時有菜市、魚市、鴨市、柴市、米市各據一方，傳統市場的雛型已然具備。

到了日治時期，交通和環境衛生整頓後，出現了公有市場的型態。國府來台後，附近設置許多軍事基地。營區官兵就近，以此為採買地點。此地貨色齊全，價格便宜，愈來愈吸引消費人口，商家也絡繹不絕，連馬路兩旁都被佔用，終而形成全台聞名的兵仔市場。

十幾年前，這處以軍人為主顧的兵仔市場，風光一陣後，隨著市容整頓有了些微的改變。軍需品和攤販減少了，但傳統已經形成，人潮還是不減。蔬果供應繼續在熱鬧的中山路、成功路上，維持著過去的繁華，最後連接到第二市場。

很少城市的市場可以如此蔓延出來，跟另一個市場融合一起。最後，整個三角區域都是市場的身影。兩個市場如果實的兩瓣種籽黏結一塊，分不清你我。

雨豆樹和罕見的蔣公銅像，算不算特殊風景？

三角形地帶也像一個果實的核心。更奇的是，很少一個舊城包裹得如此完整。從城市外頭看，旅人難以察覺，一如我的到來。但苛刻地說，儘管外表密覆著完好的果肉，裡面卻是潰爛的。只是這潰爛充滿生機，好像也唯有如此敗壞，才能發芽。

這也是鳳山市最迷人的地方。那外冷內熱，若不走進去，根本難以感受，也嗅不到真正的南方氣息。我從中間的三民路切入，便是一路興奮。只見到處髒亂而忙碌，洋溢著強勁的粗獷活力。

眼前彷彿是一鍋熱騰騰的濃湯，不停地滾沸著。那人潮的驚人熱絡，猶如每天都在廟會節慶。尤其是早上九點前，當市公所的人還沒來吹笛趕攤時，各地湧來的果農菜販集聚在此。他們不斷地出入，運補貨品。還有小吃攤沿著巷弄比鄰而立。每天都讓這裡熱鬧非凡，形成一團失序的吵雜。

這是濁水溪以南最大的一座。南台灣的熱情全數攏集而出。嘶喊打殺的拍賣叫聲，俗而有勁。中下階層頑強的生命力量，雜亂而劇烈地交會。彷彿有好幾個漩渦，各自打轉，又相互交纏，最後形成一個大圈，洪流般地攪拌著。人從每一個方向來，情不自禁地被捲入，不斷地打轉。

第一市場庸俗雜亂，但旺盛的活力很吸引我。

嚴格說來，我並未在此發現哪些興味的特色，數量豐腴的蔬果亦無讓人期待之處。小吃美食之類，除了羊肉店、赤山粿、吳記餅店，著實羅列不出一堆教人非來不可的精彩名單。反而是一些環境衛生問題堪虞，不斷地撞擊著我。

但它就是大剌剌地，把一種質樸，明白而爽快地展現。什麼都直來直往，少有中北部人那種精緻和世俗。那種暢快，總是做完買賣明天再來，一切都活在當下。

現今的三角地帶是一個兵仔市場的升級版。充滿旺盛的鄉野力量，每個人的嗓門都在比大，每個人都使勁地釋放自己。每天也總是兵荒馬亂，傳統與現代在此錯亂地交集，衝撞出混沌的美學。

我享受著這款南台灣奔放的魅力，隻字片語難以形容，只能用眼睛觀望、耳朵聆聽，以及呼吸著這樣的熱情，儘量地把感官放大、放鬆、放任。最後，不知不覺捲入這巨大的漩渦以致淹沒，難以脫逃。

你若想離開，整個人好像得奮力泅泳，才能爬上彼岸。只是，心智和體力都虛脫了。但，虛脫得爽快。(2007.12)

高雄站

這是比我買到的
公車紙票更早的
卡式普通車票。

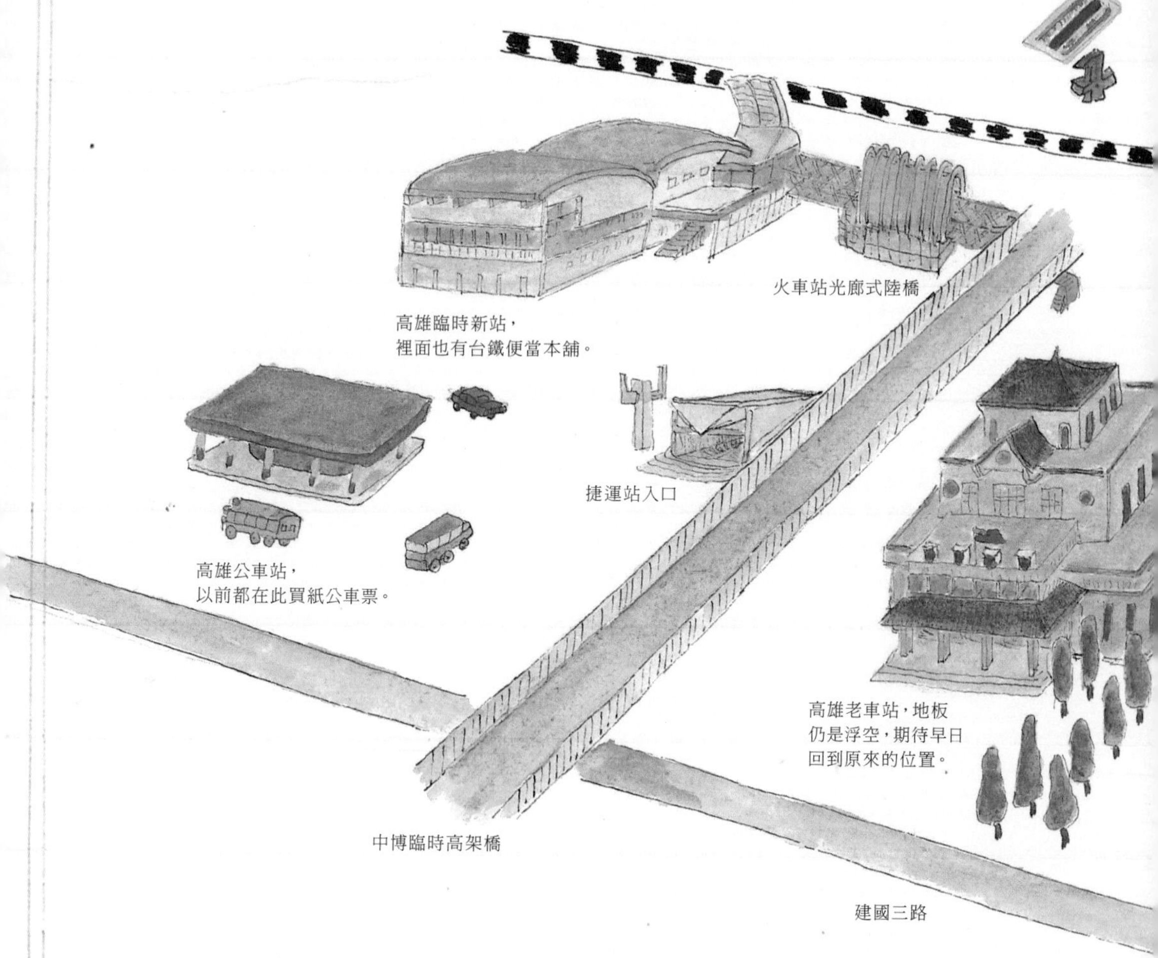
火車站光廊式陸橋
高雄臨時新站，
裡面也有台鐵便當本舖。
捷運站入口
高雄公車站，
以前都在此買紙公車票。
高雄老車站，地板
仍是浮空，期待早日
回到原來的位置。
中博臨時高架橋
建國三路

老車站前的公共汽車站

早晨搭飛機抵小港機場後，通知下午要開會的單位，不必來接送了。我自行搭乘公車，先去了火車站。

高鐵動工後，火車站像一處大煉鋼廠，鎮日轟隆不息。從那時起，就不曾從火車站進出南台灣第一大城。但那兒離開會的地點猶若參商之遙，為何突然動念走訪呢？

旁人或會猜測，莫非是想要觀看舊火車站恢宏、典雅的樣貌，或是欣賞充滿後現代色彩的臨時車站，閃爍著迷離的霓虹光影和線條，解構高雄車站大興土木所帶來的吵雜和混亂。

假若是一年前，也許吧！但我現在前往那兒，別人可能很難相信，竟只是為了走訪火車站前的公共汽車站。這座老舊的公車站外表特別嗎？其實，既尋常又普通。說穿了，只是座比一般候車室高聳、堅固的大水泥涼亭。

不過，妙處在於，此一老車站中間有一座售票亭，很像台中的公共汽車站內容，依服務功能，典雅地以橢圓形興建而成。早先它可能是洗磨石

過去到高雄，我總是很享受從售票口獲得公車紙票的樂趣。

子的外貌，現在為了呈現嶄新的氣息，塗上了喪盡美學品味的青綠色。無論如何，能夠繼續存在，總是教人欣慰的。

當代的旅人有一缸子，總愛懷念舊建築的火車站，卻很少人提及老式的公共汽車站。畢竟，公共汽車站的外貌，多半不若火車站的出色。再者，鐵道歷史悠久，鐵道建築文化更非公共汽車所能比擬。但可別忘了，許多火車站正對面，往往就有一座小小的公共汽車站，或者一處公共汽車候車亭，提供人們繼續往更偏遠地方旅行的機會。

質言之，許多公共汽車會載著旅人，抵達一些火車難以抵達的鄉鎮，那兒也有不少老舊公共汽車站矗立著。它們雖非古蹟，卻同樣帶來分離聚合的哀樂，和我們的生命旅程緊緊相扣。當一處城市改變地貌，唯一還存在，往往不被眾人重視的地方，很可能就是這個角落。

我是如此懷念著天祥車站、六龜車站之類，不勝枚舉的小鎮車站，因而對這個角落更加擁有執著的情感。高雄的公共汽車站，更是集這種被漠視之大成，醒目地存在著。在高雄旅行，若是忽略這裡，何謂在地的高雄，恐怕難以拿捏得準。

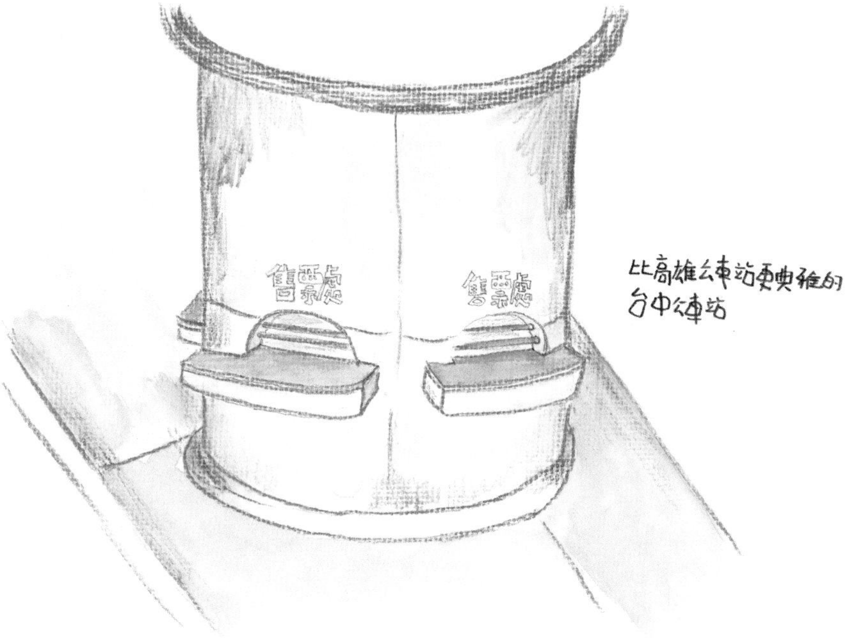
售票處
售票處
比高雄火車站更典雅的
台中火車站

職是之故，我更懷念，二十多年前當兵時，在這裡彎腰低頭，從老鼠洞般的售票口，買到一張紙車票的滋味。過去，公共汽車服務網發達時，售票口的服務不止一個小洞。現在退化到一處，僱了個中年婦人，坐在低矮票口之後的木椅，兼作老人票卡和學生月票卡的更替服務。那最後的洞口對我，卻是通往高雄的視窗。

我掏出銅板，繼續著半甲子前的買票姿勢，洞裡的售票婦人收到錢後，一如我的期待，從一疊厚厚的車票上，撕下了小小一枚，薄薄的，跟硬紙票差不多大小的公車票。

我很感動，這兒繼續在賣紙票。全台唯一還在賣公車票的大都會。我也很喜歡，一個城市最早的接觸，是透過手工車票的遞送。

再仔細瞧，售票婦人遞給我的，可是六元的普通車票，印製單位：高雄公共車船管理處。後面的文字更有意思，居然還在「以三民主義統一中國」。每張車票上，都蓋了一個藍色章，模糊的字跡寫著，「改作冷氣車十二元」。

那是什麼意思呢？初次購買，我就有一個不祥的預感。或許這一批售完，就不再有紙車票了。一如其他鄉鎮，為了方便，都改

為了三鐵共構，高雄老車站搬了八十多公尺，離家六年多了。

高雄公車站，外貌實在無可取，但我人生中的一些流浪，自這裡啟程。

用電腦操作，有人購買時才列印出車票。也許，下一次來，就消失了。

高雄能否保留公車紙票的文化，成為旅遊的特色，鼓勵大家多坐公車呢？我低下頭，繼續買了第二張，做為打狗旅次的重要紀念。

至於，要從這兒再搭往哪裡？我抬頭，凝視著票口上繁複的公車路線圖，竟覺得已經抵達終點，乾脆悠閒地坐在候車椅上，暫時哪裡都不去了。（2004.3）

附註：公車站舊建築體已被拆除，重新搭蓋。

山蕉味道香Q
不同於俗稱香蕉的田蕉
多半盛產於中部山区

集集線

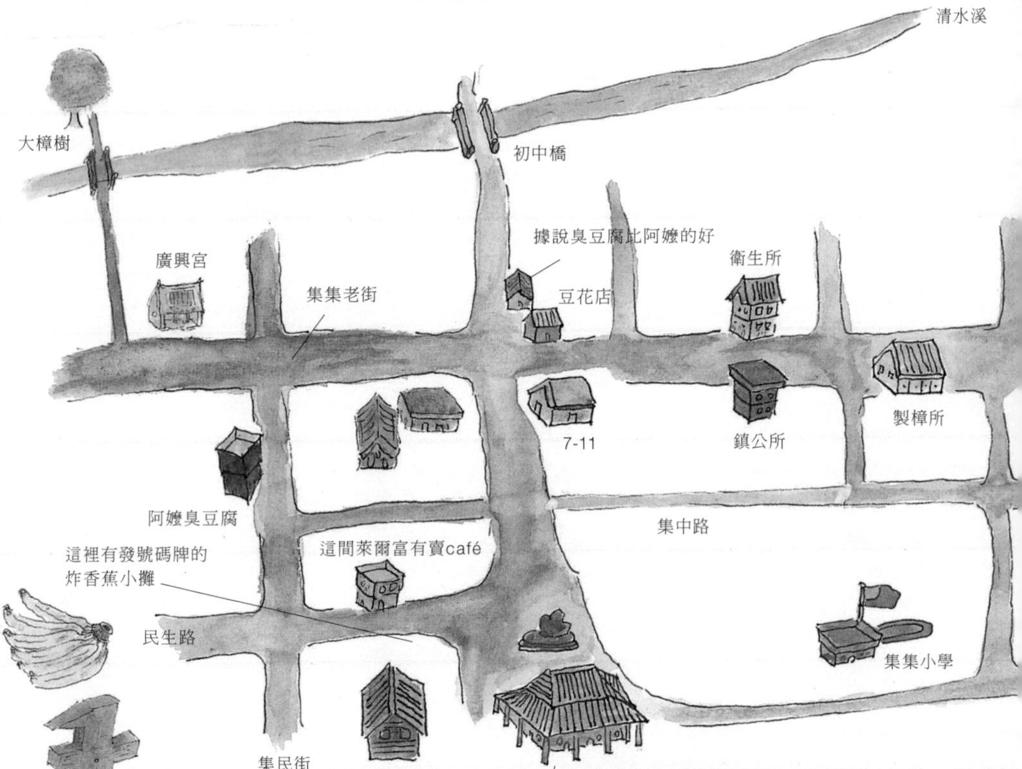
清水溪
大樟樹
初中橋
據說臭豆腐比阿嬤的好
廣興宮
衛生所
集集老街
豆花店
製樟所
7-11
鎮公所
阿嬤臭豆腐
集中路
這裡有發號碼牌的
炸香蕉小攤
這間萊爾富有賣café
民生路
集集小學
集民街
車站倉庫藝品中心
921地震時，集集車站垮了。重建後，
仍維持舊時的模樣，只可惜周遭都改變了。

高中女生的旅行

一座迷人的大城市，往往有一條適合流浪的鐵道，讓城裡的人獲得解脫。以前的淡水線鐵道，相對於台北便是。台北的學生，以及上班族，抽得空閒便跑往那兒望海，暫時擺脫生活的壓力。

前些時假日，利用高鐵的便捷，嘗試著集集線一日遊。從台北南下，在新烏日站，轉乘台中直達集集的柴油車。沒想到這趟旅行，我和內人也遇見了類似的情境。

柴油車在彰化站停靠時，上來了七位女生。她們出現後，整個車廂頓時吱喳不停，一如鳥店的熱鬧。我們坐在另一角，儘管忙著拍錄窗外的風景，仍不免被她們的快樂所感染。

她們上車後，開始玩一種拍手遊戲，輸了的人必須公然表演誇張的動作，比如在車廂裡模仿動作劇烈的搖滾歌手。她們玩得樂不可支，平常難以出現的笑聲，都吼叫了出來。

我好奇地過去搭訕，赫然發現都是高一女生，就讀於台中一所私立的明星學校。

水里車站不若集集熱鬧，但我更喜歡它清曠的氣息。

「你們的父母親都同意你們出來嗎？」我好奇問道。

「我們剛考完試了。」其中兩人異口同聲，還補充道，「高二以後就不行了。」

「請問你們國中時讀過一篇文章〈大樹之歌〉嗎？」這篇文章是我寫的，被蒐羅在某一版本的國中國語課本裡，我因而好奇地探問，也興奮地等待著，被她們認出我是一位作家。

她們搖搖頭。

我有些失望地再問道，「有無讀過〈枯木是大飯店〉？」這篇散文刊在國小高年級的課本裡。

但她們繼續搖頭。

我心裡嘀咕著，「奇怪，你們是地球人嗎？」

有一位很機靈，反問我，「請問你是做什麼的？」

我急忙回答，「自己是做旅遊報導的，想要瞭解集集線。」

又一位女生搶答道，「我們也要去集集線！」

「去哪一站？」

「集集。」

好像大部份的人都是去集集，或者是最後一站的車埕。我繼續猜測，「騎腳踏車，到綠色隧道嗎？」

她們點點頭，但面面相覷，好像不一定非去那兒不可。其中一位再度活潑地反問，「你呢？」

「我和太太打算去水里。」

「水里有什麼好玩的？」那種單純和好奇，好像我若講得出更棒的點子，她們七個人也是可以跟隨的。

除了蛇窯、肉圓、枝仔冰，水里還有什麼呢？我想了想，決定誠實以對，「我們要去逛菜市場。」我和內人都以為水里是山城，菜市場理應有很多不同於其他鄉鎮的特色。

「天啊！菜市場。」她們再度面面相覷，彷彿我才是外星人。

在集集街上，隨處可見山蕉的身影。蒂柄短，外皮稜線分明。

我趕緊轉移話題，「你們常到集集線嗎？」結果都是第一次。

柴油車陸續靠泊田中和二水時，又有一些學生上來。我再探詢這些年輕人，分別為明道大學和雲林正心高中的學生。看來假日的集集線，早成為中部學生們郊遊旅行的重要路線。

七〇年代初，我就讀台中一中，假日也到處玩，卻不曾將此視為重要的景點。那時並沒有直達車，都得在二水站轉乘集集線，特別辛苦。它不像淡水線，早在百年前就是一條觀光鐵道。

作家朱天心在《擊壤歌》裡，把淡水鐵道當成北一女蹺課的路線，搭車到淡水去看海時，同樣的年紀，我們搭乘集集線，好像是去找一位同學。只知道有一個遙遠的山城叫水里，街道很窄很小很舊，緊緊靠著火車站。集集也有一個老舊的木造車站，但很少人下車。

集集線的旅遊化，歷史甚短，不過十來年，而且是偶然的意外。話說五〇年代末，台一六號省道通車。公路局班車自台中通往名間、集集、水里，再抵達日月潭。集集線的運輸功能便逐漸被剝奪，旅客載運量逐年遞減。八〇年代中，鐵路局考慮經營成本，動念拆除。結果，地方人士反彈。未料此事件，竟讓集集線熱門起來，假日常湧現滿載的旅客。

那些女生繼續在車廂玩撲克牌，興奮得忘了周遭有何風景。對她們而言，這種同儕的集聚比什麼都快樂，集集線有什麼並不在乎，只要有更長的時間在一起就好了。她們跟多數人一樣，在熱鬧的集集站下車。我幫她們拍照後，匆匆道別，一時忘了留下聯絡的信箱。

那對正心高中的情侶跟我們在水里下車，一個安靜的車站。他們站在鐵道旁邊一排美麗的欖仁樹前，拜託我拍照。表演了許多親暱的動作，好像快要結婚似的。

例假日時，要拍攝集集車站，得耐心避開人潮。

這對小情侶要去蛇窯，我和內人如願走訪了菜市場。最後一站車埕，目前以酒莊、木器DIY和幾家甘仔店受到矚目。但那是個封閉的小山谷，學生們可能較偏愛開闊的環境。集集四通八達，周遭景觀多樣，我若是她們也會在那兒下車。

集集線班次很少，我們和內人在車埕逛累了，坐在車站的木椅打盹。下午時，再搭車到集集走逛。這兒人山人海，我猜想那群少女仍在騎腳踏車，待會兒應該會搭同一班車吧？

果然，當我們站在擁擠的月台，準備搭火車離去時，又遇見了這群女生。她們興奮地過來打招呼。一位還調皮地譏諷我，「叔叔一定偷偷地跟蹤我們？」我尷尬地苦笑著，還好內人就在旁邊。

她們要求我繼續幫忙拍照，用她們的傻瓜數位，還有我的單眼相機。她們表演了很多手勢和動作。我再探問，在集集做了什麼，結果她們大半天都在騎腳踏車，好像這樣就很開心了。什麼阿嬤臭豆腐、炸香蕉酥之類美食，都沒興趣。

不過，她們在車站旁邊的紀念品屋挑了一些火車明信片，還買了好幾盒餅乾。上了車，隨即把所有禮盒都拆開，七個人忙碌地交

欖仁樹伴著無盡延伸的鐵道，拍照的戀人啊，好希望情路長長久久。

換，什麼火車餅、香蕉餅、梅香餅，似乎討論著如何分成七等份。

我們在旁邊看得直想笑，果然是小女生，連餅乾都能認真地處理近半個小時。但未料到，火車即將抵達彰化時，一名小女生走過來，把一盒完整未拆封的餅乾送給我們。

我急忙婉拒，但她們很堅持。我很不好意思，一路上始終覺得她們孩子氣，沒想到竟這麼貼心、多禮，讓我們的旅行不僅充滿年輕人的朝氣，還多了一些溫暖。

突然間，又想起，自己同樣讀高一的孩子，現在才從補習班下課。或許，他也該邀約同學，走一趟淡水線了。(2008.4)

附註：如今車班改為二水到車埕，從台中已無直抵。

這群高中女生一路自High，返家後瀏覽我的部落格，才知道我是誰。

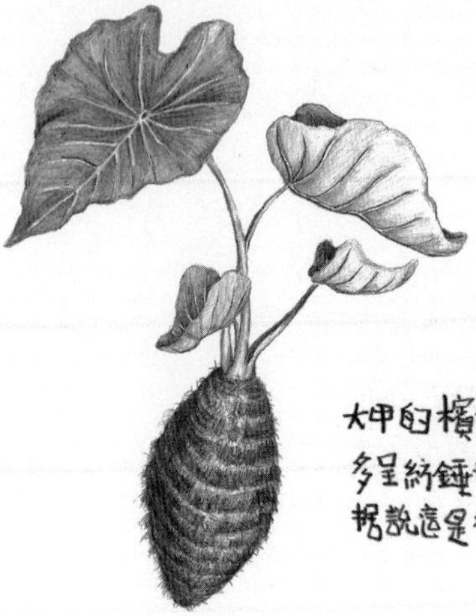
大甲的檳榔心芋，
多呈紡錘型。
據說這是水田栽种的結果

大甲站

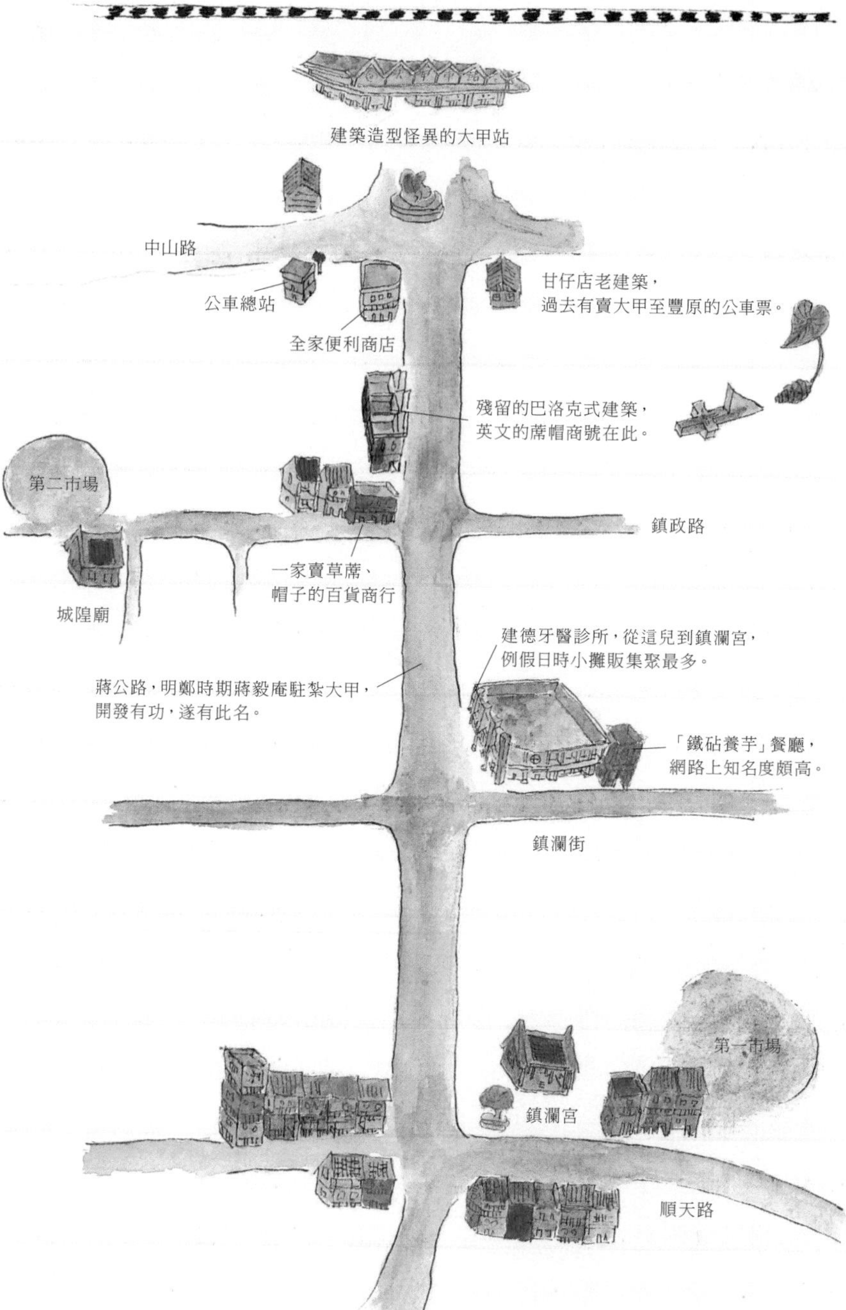
建築造型怪異的大甲站
中山路
公車總站
全家便利商店
甘仔店老建築，
過去有賣大甲至豐原的公車票。
殘留的巴洛克式建築，
英文的蓆帽商號在此。
第二市場
鎮政路
一家賣草蓆、
帽子的百貨商行
城隍廟
建德牙醫診所，從這兒到鎮瀾宮，
例假日時小攤販集聚最多。
蔣公路，明鄭時期蔣毅庵駐紮大甲，
開發有功，遂有此名。
「鐵砧養芋」餐廳，
網路上知名度頗高。
鎮瀾街
第一市場
鎮瀾宮
順天路

沒有鎮瀾宮的大甲

從竹南到彰化間的海線，車站附屬的城鎮大多荒蕪、寂寥，大甲是較熱鬧的一座。

它的熱鬧不一定要在節慶和例假日時，才觀測得清楚。也不一定非得站在鎮瀾宮前，才有具體感覺。那是一下火車站，就會萌生的情緒，尤其是在旅行了近鄰幾座冷清的車站後，這種熱鬧愈加有種溫煦。

那不只是氣氛而已，而是彷彿又看到了一個縱貫線的大站。站前廣場出現一座制式的小圓環，展開了扇狀的街衢，以及繁忙的交通景象。

你更會不自覺地，被中間的蔣公路吸引而去。那路不寬，也不是被那恰與舊時威權相同的名字困惑，而是相對於橫向街道的清靜，只有這條街，流露出商家雲集的繽紛氣息。

朝那兒信行，一些鄉鎮常見的普羅商家，紛紛在老舊建築的基礎上，重新裝飾，亮麗地在此營業著。我們何妨玩味地，從這些輝煌的門面，捕捉殘留的舊物遺跡，猜測它們存在的意涵。我印象最為深刻的一間，二層

九月以後，大甲街上，飽滿的大甲芋和小個頭的山芋一塊亮相。

樓，洗磨石子的牆面，日治時期巴洛克式的建築外貌，雕飾著英文的商號，上面寫著：「SAM–HO HAT & MAT STORE」。

不用其他文獻說明，這家老店的店面就已經充分地告知了，這是一家大甲著名的蓆帽商行，在日治時期就對外緊密發展，跟國際接軌了。如今它改頭換面，一家現代牙醫診所取而代之。不遠處，街角又有一家規模不小的蓆帽百貨，從外頭格局一瞧，明顯地，只是對內銷售的商舖而已。無庸說，蓆帽外銷的時代已然過去了。

海線不如山線人口稠密，像大甲這樣稍具一些規模的城鎮，往往成為眾小販擺攤的地點。蔣公路更是主要的熱鬧位置。接近鎮瀾宮的街道上，就有那麼好幾個小攤販，初訪時，合該也有值得探逛之處。

譬如，賣麻糬的老翁，推著老式的麻糬小車。賣杏仁茶的歐巴桑，繼續使用停產的古舊瓷碗。賣鳥仔梨糖的漢子，談起有機水果亦朗朗上口。對街還有刮痧挽面的阿嬤，當街以高超的手藝為婦人保養。

因為這些小事小物，以一個遊客的身分參與，你會悄然地愛上

在月台候車時邂逅了難得一見的復興號，
淡藍色車身現在也不多見了。

看不清楚牙醫診所頂端的英文商號？
就是想請你動身走訪一趟！

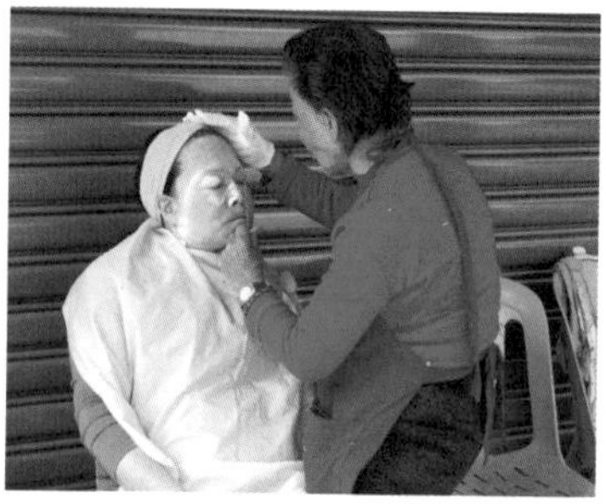

據說鎮瀾宮旁的阿嬤，挽面技術特別出眾。

麻糬小攤居然擺著捶打糯米的機器。

車站前的甘仔店還維持著舊時風景，
但蔣公路已經改變甚多了。

鎮瀾宮前有現做的狀元糕。

這裡，不一定非得目睹到大甲媽，或者特別在節慶時日，參與眾人簇擁的瘋狂祭典，才能感受大甲鎮的生命力。

到了大甲，我對芋頭的好奇或可能更勝媽祖。台灣芋頭著名的兩大產地，一為甲仙，此地則緊追在後。九份芋圓的食材，宣稱來自甲仙芋；平溪芋圓晚近揚名，卻以大甲芋為尊。台灣北部兩處旅遊名勝，各擁山頭。但說白了，兩種芋頭差別不大，品種都是檳榔心芋，只是栽種方式不同。

九月起是大甲芋的盛產期。年底了，已近末期，廟旁的小攤販仍擺著紡錘型，飽滿的檳榔心芋。這是大甲芋最典型的外貌，栽種於水田環境。甲仙則多旱芋，據說旱地栽種出來的形狀趨於圓形，似乎更綿實好吃。

此外，旱田栽種的山芋亦不少攤。到底是大甲以芋頭出名，因而也吸引了山芋，自遠方到來呢，還是周遭亦有山芋精心栽培，就有待追蹤了。

芋頭並非什麼山珍海味，但坐火車時，親眼看到大甲被一畦畦芋田環繞，街上又是一顆顆肥碩的檳榔心芋，堆出如小丘的美麗形容，再想到其綿密而香氣四溢的內涵，不免期望一嚐最原始蒸煮的樂趣，而非只是購買芋頭酥了。

我還想提醒旅人，從車站到鎮瀾宮，短短不到三百公尺，蔣公路左右即高密度地呈現三四個市場，此一現象可鑑知，此地乃集海線精華蔬果貨物之大鎮。

一個小鎮竟有這麼好幾處菜市場，彷彿諸多地方生活博物館，坐落在小城。照常理，這是一個生活幸福的指標。但前幾年，針對這些傳統市場的漫患和擴散，地方父母官擔心影響市容觀瞻，曾進行疏導整治。大抵要統一管理，變得清潔有序。

這個理念或許是對的，但若不瞭解歷史內涵和生活習性，只會導致民怨更深，徒具形式。果然，花了大筆整治經費，卻未見任何成效，這些菜市場繼續維持過去的紛亂。

作為一名旅遊者，我反而暗自高興，它仍保持過去的樣式存在。或許這就是大甲菜市場的特色，一個海線的生活美學。未來一段時日，我篤信還有機會，從中發現興味的風物。而從菜市場延伸出去，各自喧嘩，大甲的繁榮更加綿密地環繞，大不同於其他海線車站的單調，這樣的鄉鎮發展亦值得細細把玩。

大甲市場的分布狀態，常讓我聯想起花蓮的三四處菜市場，我把那兒當做東部的觀光勝地。信步在阿美族和撒奇萊亞族的野菜攤間，常有邂逅特殊物種的驚奇。

大甲的菜市場會呈現什麼樣的內涵？我懷著同樣的興奮和好奇，展開在海線最大的探索樂趣。期待著，在鎮瀾宮之外的世界，發現另一個大甲，過去不曾注意的大甲。(2008.12)

寂寞小站

三貂嶺的站務員說，
黃昏和早上時，
都有一隻老鷹（黑鳶）
在基隆河上空飛行。

三貂嶺站

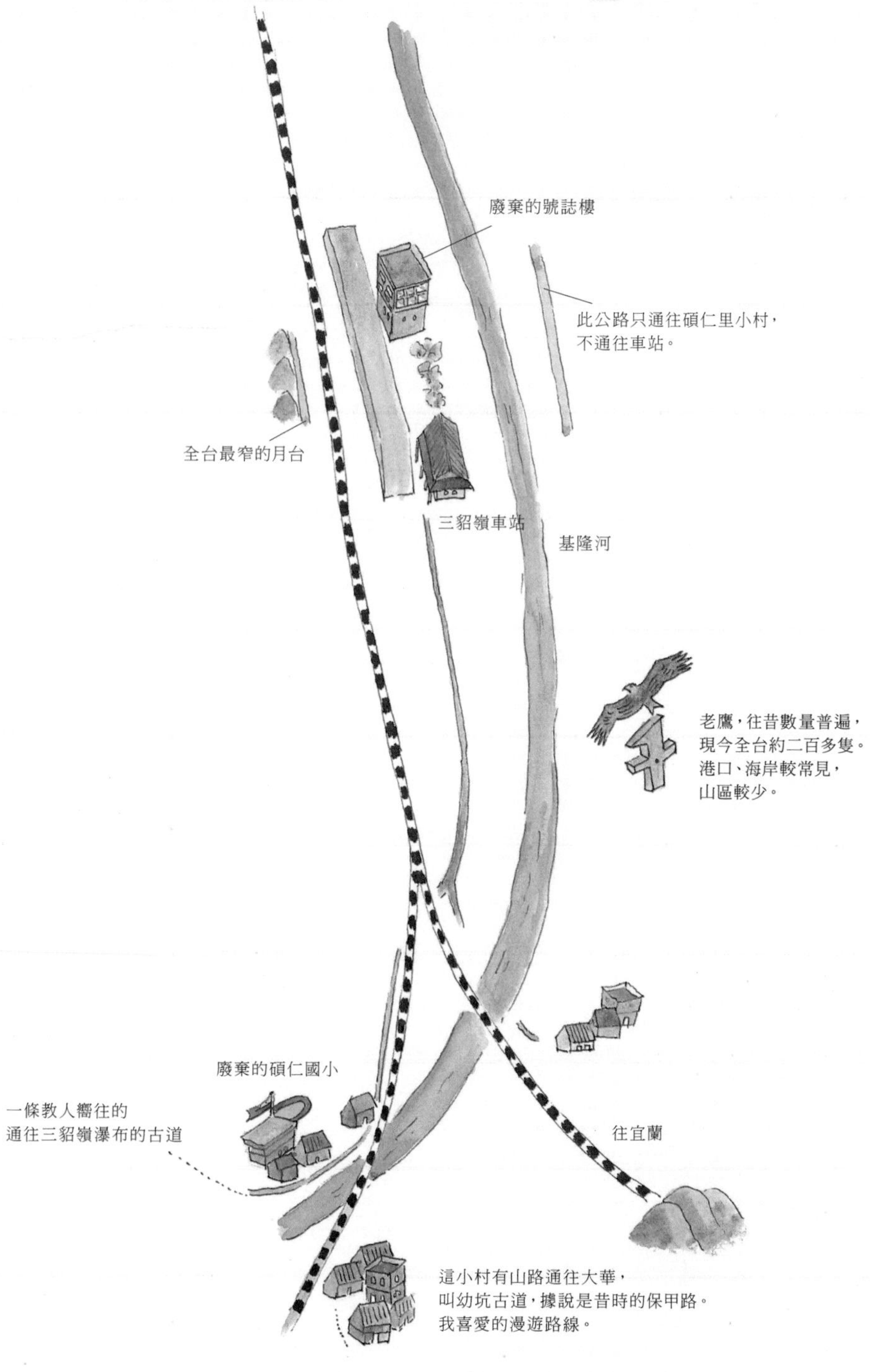
廢棄的號誌樓
此公路只通往碩仁里小村，
不通往車站。
全台最窄的月台
三貂嶺車站
基隆河
老鷹，往昔數量普遍，
現今全台約二百多隻。
港口、海岸較常見，
山區較少。
廢棄的碩仁國小
一條教人嚮往的
通往三貂嶺瀑布的古道
往宜蘭
這小村有山路通往大華，
叫幼坑古道，據說是昔時的保甲路。
我喜愛的漫遊路線。

全世界最貴重的孤獨

千禧年元月一日那天，你還記得自己在哪裡嗎？

早在那天到來之前，我就做了打算。計劃搭乘火車，抵達三貂嶺車站，買一張平溪線的硬紙車票。

以前在此一山區漫遊時，我就常以此座偏遠的小站做為登山的入口。這是一個汽車到不了的地方，除了車站，別無商家。

那天清早抵達，一如往常，火車停靠後，只有我下車。

小小的車站，兩座月台，都是岸式的。其中一座，緊緊靠著山壁，有些路段狹窄到僅容一人站立。放諸全世界，恐怕都是難得的奇景。

車站這邊則接近基隆河，空間亦不多，只勉強有一屋子佇立的寬度。初抵達的人難免不解，鐵路局為什麼如此荒唐，竟然選擇這樣侷促的位置，硬是擠出一個車站。

原來，事有蹊蹺。車站再往前，半公里之遠，昔時有一座礦場，吸引人潮集聚，形成繁榮的村落，還設有

目

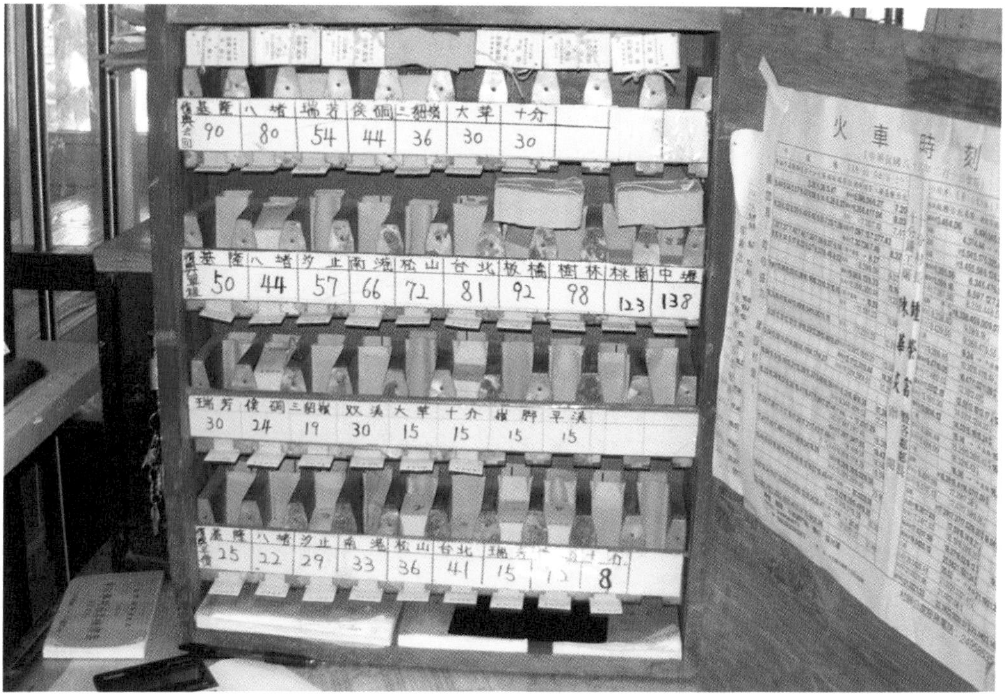

收納硬紙票的木製售票櫃，這是菁桐站的。三貂嶺站的在一回颱風時，遭大水淹沒，此後便不再販售硬紙票了。

小學。如今礦場關閉，小學廢校，餘下十幾戶老人落腳的暗灰住宅，被濃郁的山巒壓得低矮。車站旁邊這頭，也有一排類似的二三空屋，想必都是隨著村子的消隱，日漸成了廢墟。

當年會興建三貂嶺車站，當然不止此一開礦的因由。平溪線和宜蘭線在此分道，恐怕也是重要因素。從車站往村子半途，只見兩條鐵道線錯開。右邊的平溪線，蜿蜒入村，沒入長長的山洞，直通菁桐。左邊的宜蘭線，同樣跨過基隆河，穿過更長的三貂嶺隧道，通往宜蘭。

宜蘭線還有一遺址，就在隧道旁邊。它封閉的洞口上方有日治時代的石碑題字「至誠動天地」，不禁教人遙想早年打通隧道的艱困。還有更早時，漢人移民翻越三貂嶺，遷移到蘭陽平原的辛苦。本地漢人提到，當時移民在此翻越三貂嶺時，曾流行一句生動的閩南俗諺：「若過三貂嶺，毋通想母子。」可見此地山勢之險絕。

站在月台，左右望去，只見群峰高聳，層層相疊。初來者，甫一下車，見到四周荒涼，山勢又如此峻峭，多少都會惶恐不安。一些文獻指稱，三貂嶺乃當年淡蘭古道必經之地。實則不然，古道在北邊的侯硐車站附近就翻越山嶺了，這兒只有火車過山洞的景觀。

車站對面的岸式月台，窄仄而緊靠山壁。
我常蹲坐那兒的小矮牆，等候火車北返。

每回來此，都會拜訪車站旁邊的號誌樓。一個鐵道發展的歷史廢墟。這個二層樓的塔台，曾經指揮著南來北往的火車，循著基隆河岸來去。那是電訊系統尚未發達時，火車在此交會的指揮所。如今功成身退，留下幾個空蕩的窗口，繼續獨向著鐵道。

等候下一班車時，我也常逛進站務室，觀看站務員工作，或者瀏覽四周的環境。我另一個偏愛滯留的理由，即因它是個閒站，往往一個小時，才可能有火車泊靠。

那天，為了一張硬紙車票，抵達後，我即帶有這種可以滯留一陣，無聊晃蕩的快樂。

後來，就走進站內買硬紙車票了。小小的車站內，只有一名年輕的旅客站在售票口前。他背著一個登山背包，胸前還掛著相機。站務員在裡面忙著從木製的售票櫃取出硬紙票，不斷軋上日期，還和他細數。我一看即知，又是一個鐵道迷，正在蒐集車票。

站務員似乎忙好一陣了，好不容易捧出一堆。年輕人包裹後，放入背包中。等他離去，換我買票時，站務員不好意思地說，「對不起，讓你久等了。」

我微笑回答，「還好啦，麻煩一張三貂嶺到菁桐的車票。我要硬紙的。」

想到千禧年時，能夠買這麼一張起站到訖站的車票，完成這趟旅行，而且保留下紙票，這天必是一生裡值得回憶的日子。

哪想到，站務員再次尷尬地跟我道歉，「對不起，從這裡到菁桐的硬紙票都賣完了。」

「怎麼會呢？」我有點吃驚，現在才早上呀。

「剛剛那個日本人，把這一站到菁桐的，都買走了。」站務員雙手一攤，問我要不要其他種車票。

我搖頭，聳聳肩，有些落寞地走了出去。看到那位年輕人，正站在月台上等車。好奇地走過去，用中文開口，「可否賣我一張，三貂嶺到菁桐的車票？」

他有些困惑地看我，表情似乎相當為難。

我再以英文探問，「你剛剛為什麼買那麼多車票？」

他打量著我的背包裝扮，小心地用生硬的英文回答，「今天是二〇〇〇年第一天，我想在地球上，找到一個有意思的地方，所以來到這裡。」

難道他知道號誌樓、礦場廢墟，或者是為平溪線而來？我故意裝成不解，好奇地繼續追問，「這裡有什麼好來的？」

「有啊，這裡有賣火車的硬紙車票。」

「一路上好幾個車站都有賣啊！」我真的困惑了，而且，還是想伺機向他要一張。

「不，不一樣。」他搖頭道，「其他地方沒有這麼好的名字，三貂嶺！」

別開玩笑了，我隨即回想，一路上幾個車站的名字，侯硐、大華、望腳、十分、平溪，除了兩個字，還不至於不好吧？

我再問道，「為什麼你買的都是三貂嶺到菁桐，不是其他地區？」

他得意地竊笑起來，緊接著，陶醉地喃唸著，「三貂嶺菁桐！三貂嶺菁桐！」停頓些許，再跟我說，「難道你不覺得，這五個漢字連起來很舒服嗎？」

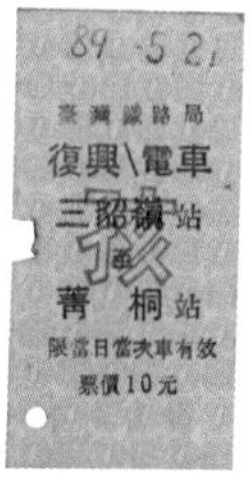

「舒服？」我困惑地望著他。

「對，這幾個字放在一塊，充滿漂泊的舒服。一種異國旅行的風味。你想想看，千禧年第一天，在地球上一個偏遠、陌生的小站滯留。我好享受這種情境。」

火車還未抵達，我繼續困惑地提問，「你為什麼不到絲路？中國的敦煌、玉門關、烏魯木齊……，這些地方更遙遠、荒涼啊！」他聽完隨即搖頭，「不，不，你太不瞭解了。坐飛機到那兒太遠太貴，我付不起，但從東京來回台灣不到六七百塊美金，就是另一個國度。」

我點點頭，接受他的另類觀點。原來，異域旅行情境雖美，還是有不同價錢、不同等級的浪漫。這位年輕人看來很實際的。

「你知道嗎？省下日本到絲路的機票錢，我就可以買下這裡全部的硬紙車票了。你看一張才十五塊。」他得意地秀給我看，「我連半票都買了。」

連十元的半票都不放過，我不禁苦笑。

平溪線火車進站時，
站務員得和駕駛員交換路牌。

「這五個字連結在一起，就是疏離和蒼茫，就是孤獨和流浪。」他繼續陶醉地說著。

我心裡想著，這五個字哪有這些意象？日本人未免對漢字太有想像力。三貂嶺，反而讓我聯想到廣告上出現的一種酒，山多利。我看八成跟此有關。

他可未注意我的臉色，依舊滿足地說著，「一張敦煌到烏魯木齊的票，很貴的。這裡卻只要十五元，還有十元的。老天啊，這世界還有哪裡，擁有這麼巨大又便宜的荒涼和孤獨！」

我開始羨慕地望著他。

「啊，我今天是最幸福的人了。」他又喊道。

我再探問，「但你為什麼要買這麼多？」

「我可以送給朋友啊。到台北，我就要寄出一些，朋友收到一定會很感動的，而且日後都會記得我。在千禧年第一天，在地球上一個偏遠的角落，我和他分享了一個流浪的情境。這樣貴重的禮物，再多錢都要不到的。」

好酷的想法！我被他說得頻頻點頭，唯腦筋還渾噩未清時，火車隆隆而至。我還來不及道別，他跳上列車，離開了。留下我，茫然地，繼續和號誌樓佇立著，繼續和全世界最便宜，不，或許是最貴重的荒涼和孤獨，繼續閒蕩著。(2000.5)

附註：號誌樓已拆除，改建為廁所。三貂嶺站也不再販售硬紙車票，但最終站菁桐還有。

三貂嶺廢棄的號誌樓，二層樓高，窗口空蕩蕩。十年前，我還寫過一首詩懷念它呢！

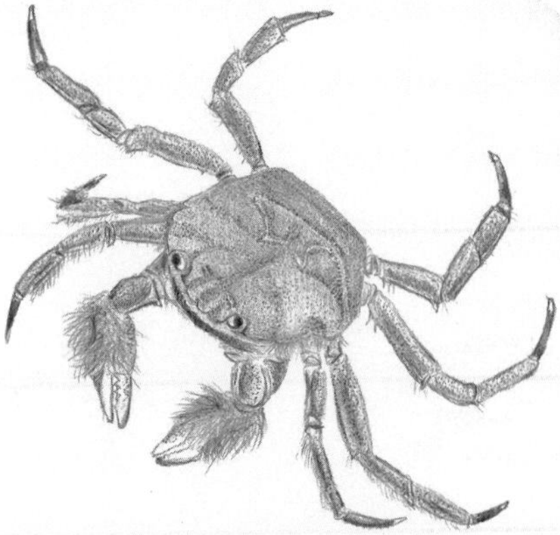

牡丹溪有很多日本絨毛蟹
牠們在河口的半淡鹹水出生
历經一段浮游時光，
再溯河而上

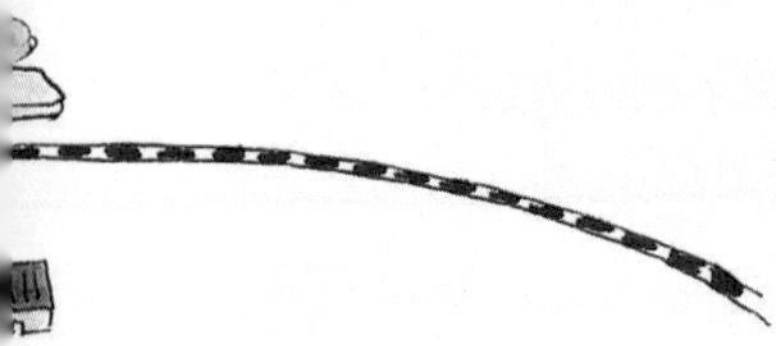

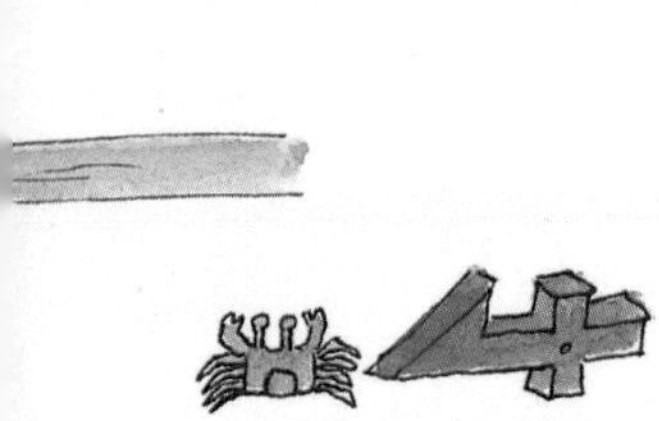

牡丹站

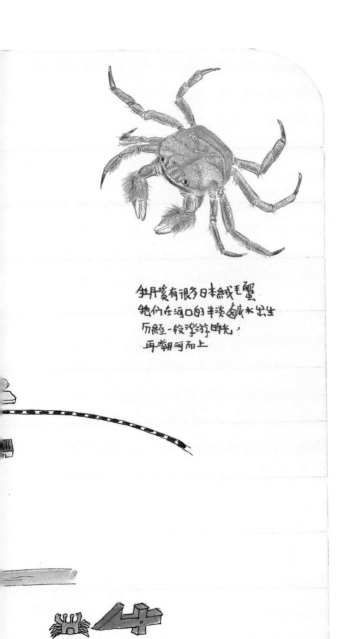

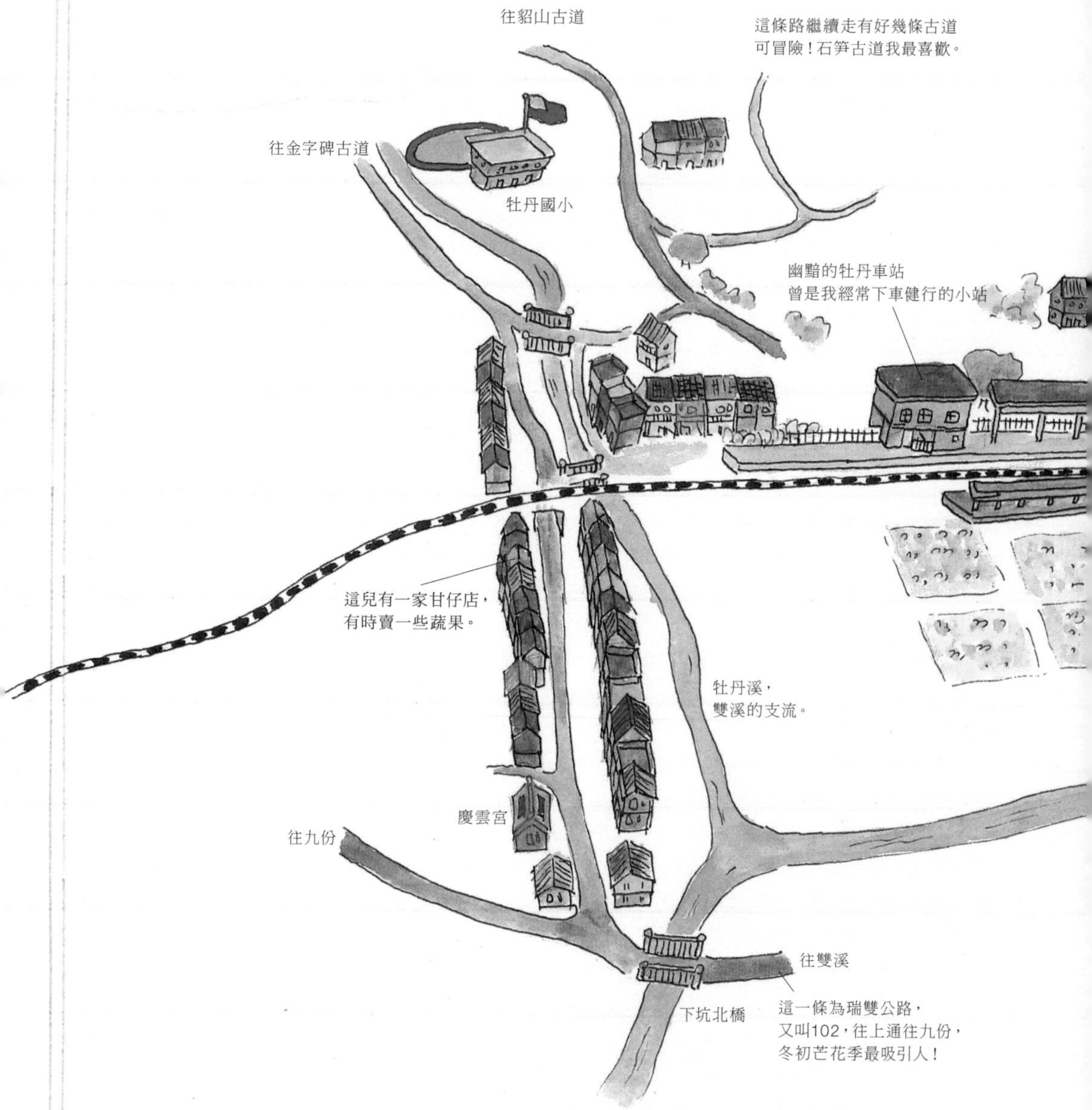
往貂山古道
這條路繼續走有好幾條古道
可冒險！石笋古道我最喜歡。
往金字碑古道
牡丹國小
幽黯的牡丹車站
曾是我經常下車健行的小站
這兒有一家甘仔店，
有時賣一些蔬果。
牡丹溪，
雙溪的支流。
慶雲宮
往九份
往雙溪
下坑北橋
這一條為瑞雙公路，
又叫102，往上通往九份，
冬初芒花季最吸引人！

最後的硬紙票

四十歲來時，最常孤伶伶去的車站，叫牡丹。

那時才失婚，牡丹附近有廣大的荒涼山區，適合漫遊。只是最後一次去那兒，卻是吆喝了一夥人。也不是搭火車，反而是走路抵達的。

那天是二○○二年年底，寒流來襲。一大早霪雨霏霏，未曾間歇。我帶領一支登山隊伍，倍極艱辛地翻過三貂嶺大崙的鞍部，正準備循金字碑古道東段，下抵牡丹。無奈乎，山頂雨勢愈加滂沱。眾人全身溼透，體力亦透支。顧及安全，不得不放棄下切古道，改擇平坦的縣道一○二，迂迴繞抵。

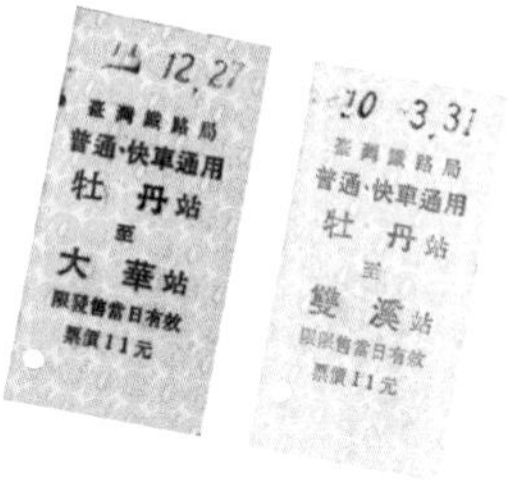

這車站灰暗暗的，充滿晦氣，斑漬雜陳的立面，更突顯被冷落的處境。若要票選台灣最醜的小站，它合該名列前茅。早年此地挖煤，車站裡還有二三人上班。上個世紀末，就成一個人的簡易站了。

旁邊的小村也跟它少有交集。一般出了車站，前方就是街衢。此地小村卻沿牡丹溪興建，兩排低矮房舍

彎月形的月台和軌道，給呆板晦氣的牡丹車站加了點分數。

牡丹多陰雨，當地乘客都懂得，在第二月台地下道出入口躲避風雨。

對峙，形成長街長巷，孤絕而去，彷彿跟車站脫節。煤礦荒廢後，一些老嫗老漢零星居住裡頭，偶聞小孩嘻笑聲。旁邊之小學，人數不及半百。美其名為森林小學，實則接近廢校邊緣。

四面環山下，村子和車站各自形成不同的荒涼。村子是孤獨的，車站是空蕩的。

車站周遭的空曠最教人唏噓。早年這兒是折返式車站，一些北上時爬不動的列車，會先停靠此休息，加掛車頭後，再繼續往前。如今火車馬力大增，先前許多鐵道設施都拆除了，改為當地居民的活動空間。

以前來此，我有一獨門路線。從台北出發時，先搭對號快車，泊靠雙溪後，再轉乘北上的普快車，折回牡丹。

一來牡丹是小站，對號快車不停靠。為了早點抵達，我只好先借助它們的速度。其次，二站之間綿延著山光水色，那是一路難以從快速掠過的車窗愜意觀賞的。從雙溪倒退回去，我才有再搭乘一次慢車的機會，同時盡興地欣賞旖旎的鄉野。

還記得第一次下車，因為好奇牡丹彎月形的月台，下車後，徘徊甚久。結果，穿著冬季制服的站務員，在對面向我招手，示意趕快出站。原來，他驗過票後，還要二個小時，才有電聯車，他可以在辦公室好好休息了。

那天卻不然，我們狼狽不堪地抵達，進入幽黯的大廳時，嚇了一跳。奇怪了，售票口前竟排著四位年輕的旅客。天寒地凍之日，加上大雨作梗，一路未見半點人影，連村子住家都柴門深鎖。我不禁困惑，怎麼會有一群學生在此搭乘火車。更何況，這小站平常只有普快車和區間車停靠，少有旅客駐足。

待我趨前細瞧，隨即明白，原來是一群鐵道迷正在買硬紙票。他們顯然在此滯留一陣，看到我們魚貫進來，後頭的人趕緊知會最

車站前，一名老人在家門口清洗牛筋草。

前方的同伴，是否先讓位？

他這一勸說，我更加好奇，莫非有何大事？要不，哪須如此大費周章，在一個小站排成隊伍，還透過一個小小的窗口，低俯著身子，似乎不斷和站務員溝通。

到底發生何事呢？探問後，果然判斷無誤，原來今天恰好是牡丹車站賣硬紙票的最後一天，以後都要電腦化了。這些年輕人擔心日後買不到，不惜遠從中南部北上。

話說硬紙票，係用粗糙的紙板製作，正式名稱應該叫「名片式車票」，但沒人喜愛這種繁文縟節的修詞。以前硬紙票是由站務員從木頭售票櫃裡抽出，再以削鉛筆機模樣的軋票機，軋上當日的乘車日期，賣給旅客。現今電腦化售票，列印的車票缺乏親切感。

只是人工硬紙票，販售過程相當牛步化，不符時宜。每賣一張票，軋上日期，還得記錄，繁複又容易出錯。上個世紀末，台鐵全線各站售票電腦化後，只剩下少數車站，仍兼有販售。比如海線的日南、追分，縱貫線的香山，宜蘭線的侯硐、大溪，平溪線的菁桐，以及花東線的一些小站。我不知，牡丹為何傳出今天是最後一天。原本冷清的車站，彷彿節慶般熱鬧。

四名年輕人讓出原來佔據的票口後，隊友各自買了一張回台北的區間車票。輪到我時，特別向站務員打招呼。先前來過幾回，下車時又常只有自己，兩人因而有數面之緣。

我開口問他，「今天很忙喲？」

也不知是感傷，還是不快樂，他自嘲道，「在牡丹做這麼久了，第一次這麼忙！」

「他們買多久了？」我機伶地追問。

「少說也有一個多小時了。」

天啊！這麼久。我再回頭端詳他們，看來都是窮學生的模樣。

他們如何買呢？我在旁邊觀察，只見前頭的學生，一邊看著木票櫃，一邊指示站務員想要購買的車票。木票櫃像蜂巢，每一格都有牡丹至某一站的硬紙票一疊。這些學生手頭可能不闊綽，每買一張都要仔細盤算，希望購買的，張張具有紀念價值。

如此一往一來的探詢，這些鐵道迷把過程搞得非常繁瑣，一個人就能佔據窗口許久。他們之間也相互協調，每個人只能買十五分鐘，接著換另一人購票。所幸，站務員耐心地配合，還會詳加解釋每一站在鐵道的意義，供他們參考評估。大概是最後一天，才這麼熱心吧！

我們買完票，隨即在車站內清理，把溼濡的衣襪全脫了，再換上乾淨的衣物。有人出去找吃的，敗興而返。此地唯有一家臨時麵攤，常是開一天打烊三天，掌廚的還是菲傭。

不知何時雨終於停了，年輕的鐵道迷繼續排隊。山友們都走下台階，在站前廣場透氣，眺望。

我散步到小學，前方一座高聳而龐然的山頭，在濃密的雲靄中若隱若現。那是台灣最北，一等三角點的燦光寮山。九份就在山的後面，前面有條通往那兒的貂山古道，半途還有諸多通往森林的山徑，都可和那山聯繫，構成一個綿密的漫遊網路。

以前常來牡丹車站，就是從這些小徑，踏上許多地圖上未知的荒野。說到這荒野，心情反倒是平靜而愉悅。

回家前，我又湊興，加買了牡丹至侯硐、牡丹至大華的硬紙

月台上，一隻燈蛾貼著鐵道溝蓋，把斑駁襯托地更荒涼。

票，留做此行之紀念。手上握著硬紙票時，竟也有些許感傷，彷彿某一段牡丹車站的歲月，從明天起就要消失。今天是最後一天呢！

從那天以後，我意外發現，自己未再去牡丹站了。硬紙票不再販售，我生命最茫然的山行歲月，似乎在此也宣告結束。而那天以後的牡丹車站，更是悄然地生疏了。(2003.4)

二結站

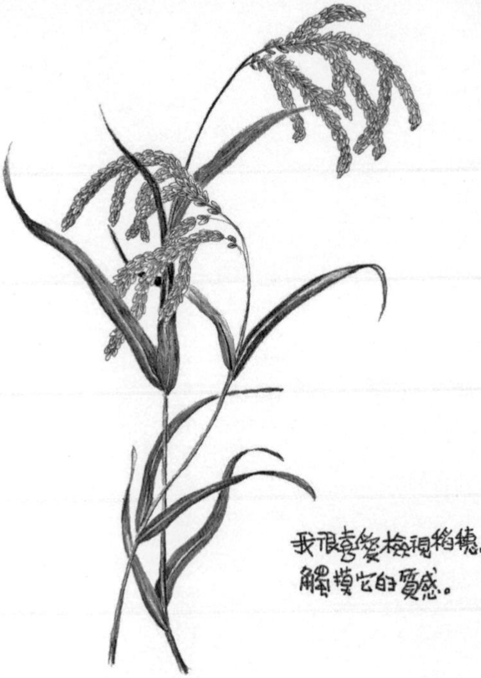

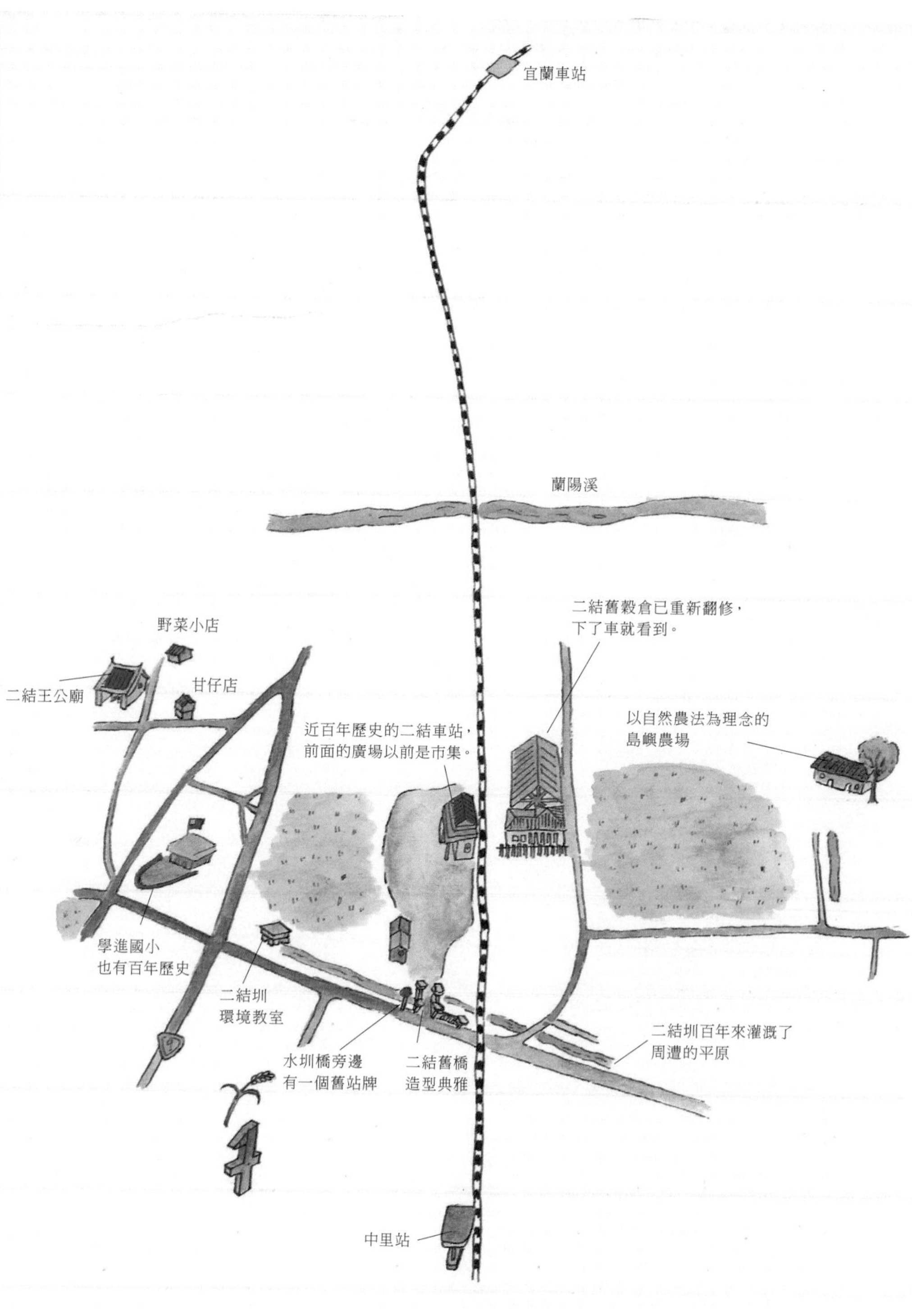
宜蘭車站
蘭陽溪
二結舊穀倉已重新翻修，
下了車就看到。
野菜小店
二結王公廟
甘仔店
近百年歷史的二結車站，
前面的廣場以前是市集。
以自然農法為理念的
島嶼農場
學進國小
也有百年歷史
二結圳
環境教室
二結圳百年來灌溉了
周遭的平原
水圳橋旁邊
有一個舊站牌
二結舊橋
造型典雅
中里站

無所事事的小站

很高興，年過半百了，還有機會認識九十歲的二結車站。

從日治時代的木造驛站改建後，快半個世紀了，它始終保持著洗石子的樸拙外觀。樣式簡單，並未黏貼磁磚，或者塗漆裝飾。

五月時，它還有普快車停靠。現在卻只剩下區間電聯車，時而到來。這是一座經常只有你一人下車的小站。來到這裡，打心底必須無所事事。

它像多數東部的車站，站前不止靜謐，還很空曠。沒店沒舖沒街，周遭僅有二三戶人家，其他都是綠意盎然的稻田了。這是一個適合晃蕩的地方，高濃度的鄉間小站風味。

東部車站的空曠，或因採礦運砂，也可能基於甘蔗的需要，這裡主要卻跟稻米有關。車站後方有一座典雅的日治時期舊穀倉。早期很多大穀倉都是建在車站旁，方便運送糧資。這座舊時代的建築告知了，二結車站曾是運糧的重要據點。

穀倉頹圮翻修了，農厝變樓房，青綠的稻田會走向有機嗎？

一座舊穀倉的集散，大都仰賴勞力。工人須扛起上百台斤的米袋，上下進出，卸貨裝貨，穀倉裡外活絡不已。除了勞工、穀倉職員，以及商賈往來，許多攤販也在此一站前廣場集聚，形成熱鬧的市集。

七〇年代初，農業沒落，再加上設備老舊，建築不易修葺，這裡的風華才逐年褪去。十多年前，二結農會另建新穀倉後，這一舊穀倉便閒置了。車站前的空曠愈顯荒涼。

其實，也不止舊穀倉荒廢。隨著時代變遷，人口集中到宜蘭、羅東等城鎮，旅客搭火車都選擇大站。前些時，二結車站便一度面臨廢站。

很多台鐵小站都有危機意識，站務員對待旅客之周到，總教人窩心。此地亦然，他們藉著熱心的服務，爭取旅客的好感和拓展業績。比如，當你在羅東、宜蘭買不到車票時，或許可以聯絡二結站。他們總會竭盡心力，幫你找位子。一旦站務人員發現有退票可補位，還會掛電話通知你。

進出車站，最特別之處，唯有一典雅的舊橋，橫跨古老的圳

洗磨石子舊橋是進入車站的唯一通道。

溝。此一舊橋為洗磨石子的低矮造型，橋身蘚苔羅布，古意盎然。前些時，車站旁邊進行工程，砂石車必須進出。建商曾建議，重新蓋一座寬闊的新橋，他們願意出資。當地文化志工擔心舊橋消失，出面反對，遂保存下來。

後來，砂石車只有硬擠過去。如今檢視橋墩，好幾處都因砂石車轉彎不慎，遭到磨撞破損，但至少橋面是完整的。

仔細瞧，舊橋旁邊斜立一斑駁的公車站牌，偎在7-11招牌旁，勉強露出半個「興」字，跟旁邊檳榔攤打聽才知道，叫宜興客運。一個路線非常在地的公車。多數專跑偏遠之地，路線主要以宜蘭和羅東二城為中心點，往鄰近鄉村延伸，不像國光客運只沿主要幹道服務。

以前它即有一偏僻路線，往返二大城間，一天二班，中途經過二結。主要服務對象為老人、小孩和學生，都是仰賴大眾運輸的乘客。無奈乎，蘭陽平原的小客車持有率逐年成長，導致宜興客運難以生存。四年前，悄聲地結束營業了。

無論提及舊橋或車站，勢必也得談談橫跨的水圳。它已有

二結圳灌溉了二結一帶的農地。

一百八十多年歷史，長期灌溉了大二結的稻作。以前，水位較低時，還有婦女和孩童會下水去摸文蛤。

前幾年，政府單位整治為U型水泥溝壁。當時社區志工試圖搶救，一如舊橋。但這種工程的進行往往迅快，沒幾日怪手轟隆出現，一鏟接一鏟。晃眼間，即將水圳兩側圓石砌成的護堤，挖掉了一大半。

所幸，他們的心志未被剷平。還是設法美化水圳堤岸，鋪設一條枕木步道。沿著清麗的水圳，車站可通往歷史近百年的學進國小，還有古樸的二結村。啊，這都是旅人在此徒步旅行的美好去處。

而另一邊，往海邊的方向，跨過平交道，就是去拜訪舊穀倉了。晚近它被列入縣定古蹟，正在進行修復工程，持續為二結農村的稻米文化留下歷史見證。

它的外牆寫著冗長拗口的名稱：「保證責任／利澤簡信用購買販賣利用組合／農業倉庫」。有機會搭宜蘭線區間車時，經過二結車站不妨望向東邊，約略會看到這幾個日治時期殘留的斗大字樣。

整修後的二結舊穀倉和附近的田園景觀相互契合。

我喜歡沿著彎曲的田間小徑，很農夫閒逛的方式接近。據說它是什麼仿古羅馬巴西利卡式（basilica）建築風格的。這種西方傳統的公共建築形式，特點是平面呈長方形，外側有一圈柱廊。但我怎麼看，都瞧不出，二結穀倉有此一高貴形式的任何特徵。直覺裡，它的外觀很樸實，和附近的田園景觀相互契合。

從二結穀倉，遠遠地便看到一間黑瓦的低矮平房，被廣闊的青綠稻田包圍。那是我最想拜訪的地方。一處嘗試在常年慣行農業下，摸索自然農法的家園。

這間黑瓦小屋的主人放棄了農藥和化學肥料的使用。一般有機田園都選擇青山綠水，避開污染的水源和土地。唯獨它，以「島嶼農場」之名，堅持在這塊長期受傷的土地，不止以有機作物治療，也試圖以時間復癒土地。

我遠遠地眺望著，周遭都是碧綠的色澤。平靜的田園分不清哪兒的綠不對勁，或者好壞。但我知道那兒確實有一場浪漫的農業革命，正在悄然發生，在這昔時以穀倉著名的車站。其實，台灣很多鄉野也正在如火如荼地進行有機革命、實踐無毒家園。

吾道不孤，有一群人默默支持島嶼農場。

啊，這樣的歷史對照，我的晃蕩或許沈重，但這樣的車站和走路，卻也更有風味了。(2008.6)

島嶼農場的主人放棄了教職，他正在處理池塘挖上來的有機肥。

和平站

百年前，西方旅行家來台
最愛獵捕環頸雉。
因棲地破壞，數量銳減
花東的農田、草地尚可遇見

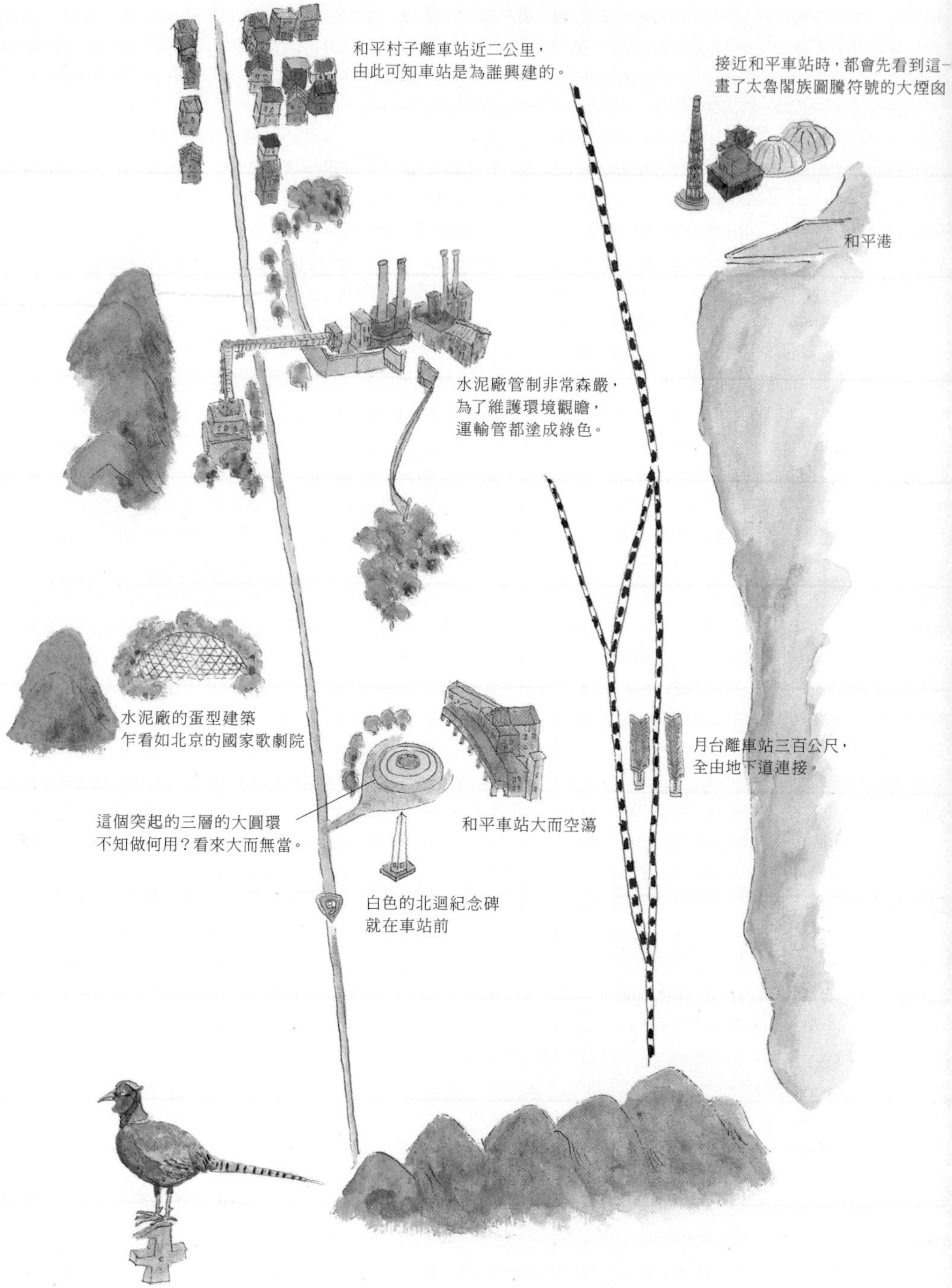
和平村子離車站近二公里，
由此可知車站是為誰興建的。
接近和平車站時，都會先看到這一
畫了太魯閣族圖騰符號的大煙囪
和平港
水泥廠管制非常森嚴，
為了維護環境觀瞻，
運輸管都塗成綠色。
水泥廠的蛋型建築
乍看如北京的國家歌劇院
月台離車站三百公尺，
全由地下道連接。
這個突起的三層的大圓環
不知做何用？看來大而無當。
和平車站大而空蕩
白色的北迴紀念碑
就在車站前

失去和平的山谷

每天清晨七點左右，花蓮火車站按時有一輛從光復駛來的普快車。這種二次大戰後改裝，服役迄今的慢車，很少在台灣的鐵道奔馳了。它也是花蓮以北，唯一的一班，西部早就不見蹤影。

當典型的橘紅車頭藍色車身緩緩駛進時，第二月台上，往往約有二三百人固定等候。

他們多半屬於同一公司的員工，早已熟悉這班火車的種種內容，似乎閉著眼也能搭乘。這班列車行駛約五十分鐘的車程，先經過農地不多的荒野，越過立霧溪。最後，穿過長長的隧道，抵達終點的和平車站。

這家大公司叫台泥，在此設有三個點。台灣水泥和平廠、台泥和平火力發電廠、台泥和平港公司。搭乘這班普快車的主要是通勤員工，偶爾則有往來協力的廠商人員，只有少數公教人員。

這班早上唯一的列車，猛然讓我想起電影《惡靈古堡》裡的那輛，通往地心另一頭，不屬於外面的城市。

搭乘火車，望向太平洋，深藍色的海迎面而來，常有一種遠離過去，生命突然美好的旅行情緒。

一搭上火車，旁邊的員工打量我的裝扮，確定我既非員工，更不像來談事情的廠商，不免好奇問道，「你要去釣魚？」

我搖搖頭，心裡一陣奇怪，自己身上毫無釣魚裝備，他怎麼會如此探問？大概是一種無聊的探詢吧！

我苦笑著，答不出所以然，聳聳肩，隨便給個理由，「那裡沒去過，想要到處走走。」

我隨即反問，「為什麼不住在和平就好，這樣大老遠上班不是很辛苦？」

其實，我也反問了一個無聊的問題。請問你會把家搬遷到水泥廠旁邊嗎？空氣糟不說，缺乏餐飲百貨，而且子女的教育怎麼辨？我自己最先想到的，便是這些生活的基本條件。

當火車抵達後，數百名員工魚貫下車，穿過冗長的地下道，陸續前往水泥廠發電廠。開闊的車站，頓時空寂無人。只有數輛灰撲撲的水泥列車，靜默地停在站外。留下我一個人，慢條斯理地摸索著地下道。最後，很奇怪，也很不合時宜地，站在空蕩的大廳。連

穿過三百多公尺的地下道，才能蹬上月台。

接近和平站時，都會看到此一繪有原住民圖騰的水泥廠煙囪，矗立在海邊。

站務員都狐疑地，多看了我好幾眼。

我走出去後，檢視車站的門牌：秀林鄉和平村276號。

車站前有一個大圓環。更前方，層層高聳的大山迎面而來。山腳下，一個白色的巨蛋型建築，大概是台泥和平廠的，彷彿北京的國家歌劇院，唐突地坐落在老北平裡一樣。它在此出現，也產生狐疑的效果。

八點十五分，載我來的普快車，準時往回走了。它的離去，更讓我明確地感覺，這裡是全台灣最空曠而虛無的車站。

雖說空曠，編制人數卻像一個排。站長一人，副站長三人，員工十七人，分成三班制，輪勤值班。站裡還設有四部身障電梯，提供旅客完善的乘候車環境。這是一九八〇年北迴鐵路全線通車後，中途最大的一座。

但很少人會搭乘區間車，在這一站下車。只有一些開車經過清水斷崖的遊客，或者是騎摩托車、單車的旅行者，想要留下記錄，在站前拍個照，便匆匆離去。

塗上綠色，橫跨空中的輸送管還是很突兀。

這是可以理解的。和平是高大山區和浩瀚太平洋緊緊逼迫下，一塊平坦、亮麗的空間，好像台灣的肚臍眼，沒什麼功能。但它凹進去，小小的清楚地存在著。

我走到前方的一座白色紀念碑，抬頭仰望。這座「功垂北迴」紀念碑，追念著一些開拓北迴有功的殉職人員。回頭再看遠方，和平溪口矗立的大煙囪，其圖案融入當地原住民風格，還頗具特色，但也是一種諷刺。原來，我的周遭都是裸露的山壁，以及橫亙群山的綠色輸送管。

我很想到蔚藍海邊的草原徜徉。二十多年前，專程搭車來此觀看環頸雉，那時西部已經難以見到。此地灌木草原，經常有好幾隻緩步覓食，在太平洋風浪的起落間，悠閒地棲息著。

但心裡頭，卻同時被一個巨大的不愉快回憶侵襲著。

同一年代，太魯閣族曾反對政府的東部開發政策，抵抗台泥購地。唯在高價的利誘下，部份太魯閣族人賣地求富，後來被迫遷徙到和平火車站附近。荒謬地，用比自己賣土地時更高的價格，買進工業局配售的土地。更悲慘的是，年輕的族人還得到水泥廠謀職，

宛如北京的國家歌劇院的蛋型建築體。

冬日午後，我在蘇花公路上逗留，恰好遇見難得的組合：自強號、清水斷崖、崇德隧道。

不然就得遠走他鄉。

望著紀念碑，我想到一百多年前，太魯閣族的祖先，曾在此轟轟烈烈地對抗日本軍隊，雖然最後落敗了，世人卻謹記太魯閣族的光榮聖戰。

在環保風起雲湧的八〇年代初，太魯閣族卻因財團的高價欺騙誘惑，被迫失去對土地的信念。這一場沒有刀光血影的戰役，他們輸得更慘，莫名其妙地連家園都賠了進去。

我沿大路走往村子，經過警衛森嚴的工廠大門，以及高聳的圍牆。抵達村子後，未看見便利商店，多數住戶緊閉窗子。隨時都會有一輛龐然的砂石車，迅速而冷漠地經過，揚起巨大噪音，留下大量塵土。在這筆直的街上，車子似乎擺放一天，便會蒙上一層厚灰。

我了然，太魯閣族大概不會有第三場戰爭的機會了。縱使日後蘇花高興建的爭議，他們恐怕都是局外人。

無聊地彎進小路上的郵局，買了張蓋有和平的明信片，庸俗地寄回家。郵筒似乎有一層灰，我小心地放入。啊，多麼無力，都是灰塵的和平。(2008.7)

「功垂北迴」紀念碑，坐落在車站前。造型無美感，仍吸引旅者拍照留念。

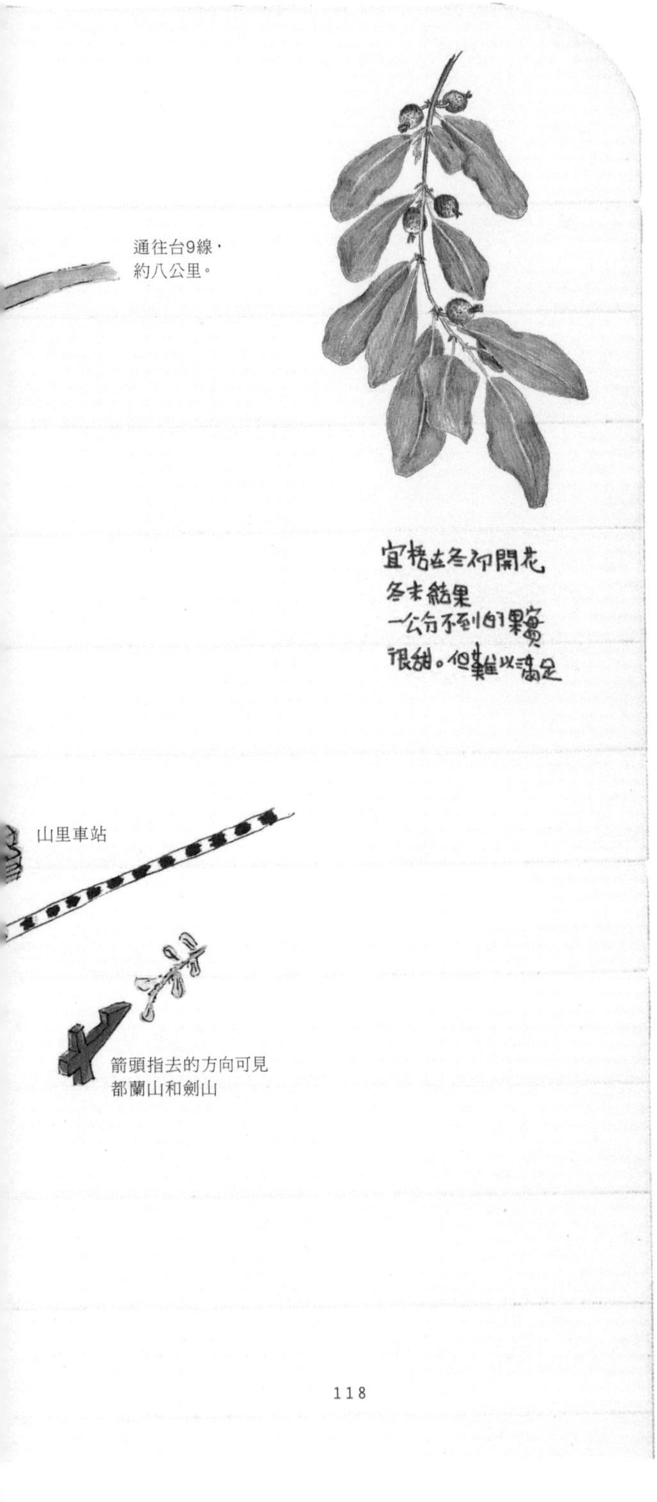
通往台9線，
約八公里。
宜梧在冬初開花
冬末結果
一公分不到的果實
很甜。但難以滿足
山里車站
箭頭指去的方向可見
都蘭山和劍山

山里站

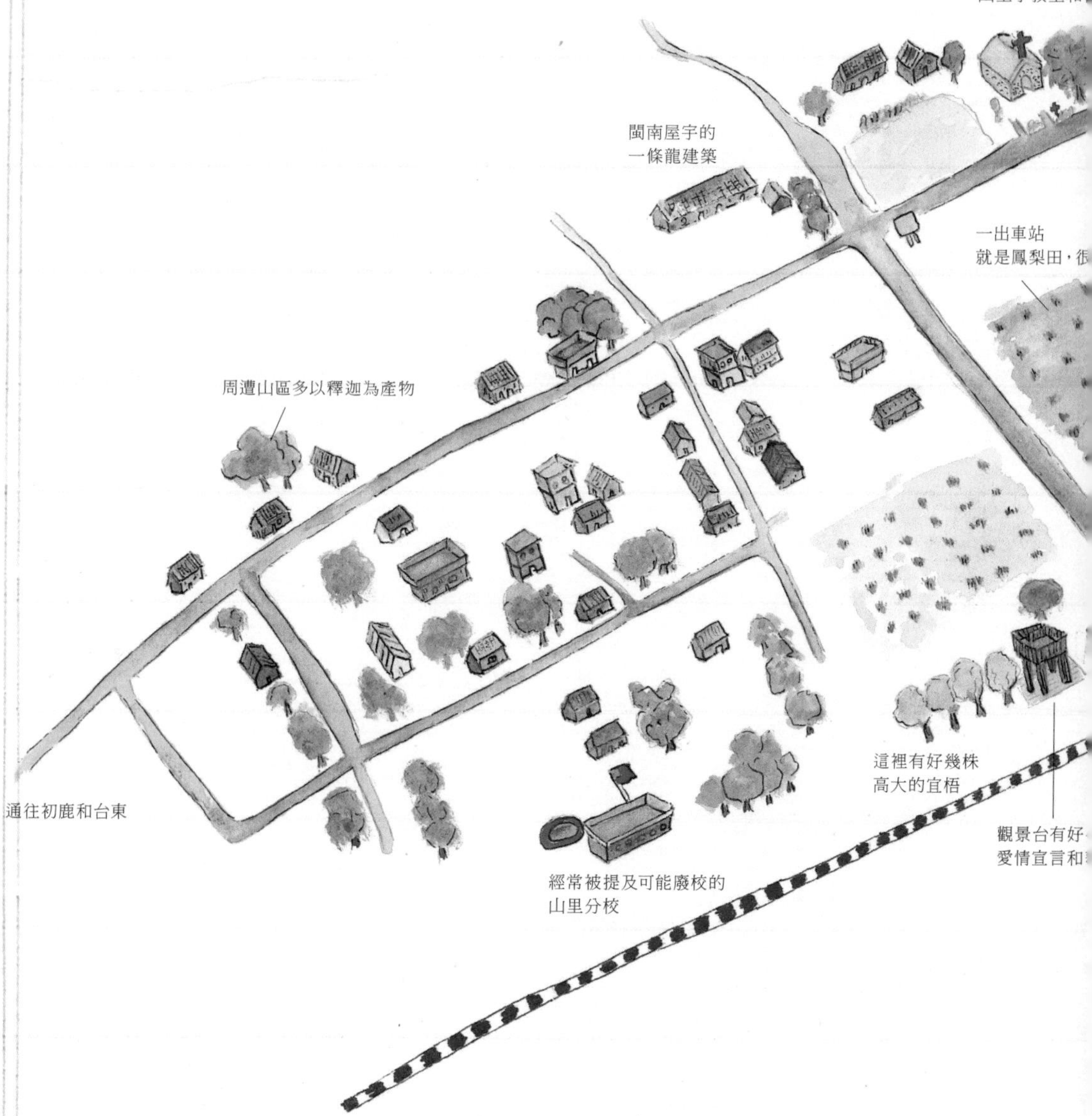
山里小教堂和
閩南屋宇的
一條龍建築
一出車站
就是鳳梨田，很
周遭山區多以釋迦為產物
這裡有好幾株
高大的宜梧
觀景台有好
愛情宣言和
通往初鹿和台東
經常被提及可能廢校的
山里分校

傳說中，到不了的車站

我們不是說好了都不會分開嗎
到現在呢　我一個人好寂寞
想哭

眼前的解說牌上，不知哪位旅人，留下了這樣淒美的告白。這是我抵達山里車站，走上旁邊觀景台，乍眼看到的題字。

幾株罕見的宜梧佇立在旁，垂下銀白的葉子，彷彿為這一段失戀絮語增添感傷，也優雅而蒼白地伴著，這寂靜的山巒小站，讓它更充滿傳說中難以抵達的縹緲情境。

如此真摯簡潔的文句，會不會是某一旅客的惡作劇呢？我一路辛苦到來，縱使懷疑它的真實性，還是被周遭空靈的自然環境所感動。

山里是一座隱密的小站。花東的車站，大抵都相當接近台九線，唯有它遠離，深陷都蘭山下對面的河階台地。多數人因而不知它的存在。

二〇〇九年第一天，我駕車前往鹿野的山區彎繞時，突地看到一塊綠色牌子，上面標示著：「山里車站8K」。

目

山里站隱匿在卑南山脈一隅，月台上的突出物是路牌拋接的「授器」，現在已不使用了。

臨時興起，決定一探究竟。結果左彎右繞，經過了好些顛簸而荒涼的路面，又好不容易撞見一二路人，探問二三回後，方能迢迢抵達。過去網路一直盛傳著，一個到不了的車站，我因意外的旅次，不小心邂逅了。

從觀景台遠眺，眼前開展一線灰靄詭譎的利吉惡地形景觀，劍山和都蘭山等矗立於此，形成海岸山脈最為高大連綿、巉巖岭峨的景觀。難怪觀光單位在此地搭蓋了木造觀景台。三百六十度的視野，四面皆有解說牌，逐一翔實地介紹了周遭的自然環境。

觀景台下方，還有枕木步道設施，以及東部單軌火車的特性描述。或許是氣氛感染，容易萌生感動吧，除了剛剛看到的留言，遊客憩息的枕木長椅上，也有好幾則，而且多以情話為主。

此一小站外貌，讓我聯想起台東的馬蘭車站，同樣是二十多年前，花東線系列興建的那種呆板但實用的樣式。站前的花圃，修葺良好，青綠的灌叢剪成整齊的樹籬矮牆，頗有日式庭院的雅韻。

我繼續東張西望，有時閉目，試圖聆聽聲響。一片靜寂裡，只有遠方村子的炒菜和剁砧聲，偶爾飄來廚房燒煮的淡煙。此等難以述說的詳和，流露著美好的鄉野氣息。

這村子無疑是偏遠中的偏遠，孤獨中的孤獨。我們遺忘了花東縱谷，它則被整個花東縱谷遺忘。一個人忘我地坐著，這一天，甚至這一趟三四天的短暫旅次，都在邂逅這意外的風景時，得到百分百的滿足了。

這時副站長帶著小黑狗走出了車站，在鐵道上左顧右盼。我猜想，有班火車快要經過。他在觀看周遭有無任何狀況。

山里每天有六班俗稱「白鐵仔」的區間車停靠，另外是早晚兩班藍色的普快車。每日上下車人數不超過二十人，多數為通勤的學生，其他村人鮮少利用。

很難想像，此地十幾年前已不賣票，仍是擁有三、四名工作人員的三等車站。他們在此負責列車的交會，以及運轉調度。

不過，副站長提及將來或有廢站的可能。鐵路局一直有個規畫，在下方山腳修築一條明隧道，如果此一計畫成功執行，日後鐵道路線更改，火車就不再爬坡駛上來。山里站也不棄自廢，遑論成為無人的招呼站。

在此除了遠眺山水，最迷人的便是等待火車的經過，尤其是停靠。我很好奇除了通勤的學生，還有誰會抵達，又來自何方？

一名旅人若走出山里車站，隨即映入眼簾的是兩大片鳳梨田，風景自成一殊。住家則落散周遭，一個人口不過三、四十戶的阿美族部落，只有一戶漢人。他們靠山吃飯，以農耕維生。一路下行，我看到釋迦、高粱、玉米和洛神花等農作。

小村裡面沒有郵局商舖，沒有行政機關，沒有農會組織，只有一所初鹿小學的山里分校。它是全台東最迷你的學校，六名小學生，四位老師，一名工友。學校雖小，設備資源頗齊全，幾乎是一對一教學。師生生活作息都在一塊，互動像一家人。

但一如其他偏遠小學，這裡危機感很重，每年都會傳出裁撤的消息。此地也像其他部落，大部份都是隔代教養，或者單親。父母親有一半都到外面工作，家境大抵不好。一旦被裁撤了，這些學童勢必四處寄讀，部落也會更形蕭索。

副站長向快速經過的自強號舉起小紅旗。

接近部落時，詭譎的利吉惡地形出現眼前。

隔絕在山谷中的山谷，鐵道如通往隱遁之界。

就在這張解說牌上，我看到感人的愛情絮語。

部落裡的閩式建築，可能即唯一的漢人住戶。

書法字樣的「山里」，讓出入口也是風景。

如今有一所學校存在，村子彷彿有一個精神支柱。透過老師的教學和家屬互動，整個部落還有一種溫馨的生活聯繫。此一分校在此，很人文，也很和社區的，勉強成為連結地方的平台。

這種情感的聯繫，車站正前方的迷人小教堂，同樣扮演了重要的角色。它的門口寫著「山里福音教會」，屬於基督教長老教會。白色的小教堂頂著紅十字架，優雅而聖潔地矗立著。建地用卑南溪床的卵石堆高為小台地，牆壁似乎也都以卵石堆砌而成。大小如一儲藏室，彷若給小矮人居住的建築。前方有一棵大松樹陪伴著。

我正望得入迷。旁邊的住家，走出一位嚼檳榔的男子，熱情地和我打招呼，問我想不想看看。我當下大喜，隨他引進。裡面是鮮豔的藍色木造屋頂，四面牆壁塗白，三排木椅，大概擠不到三十人。據說重要節慶時，火車會從遠方載教友來此禮拜。

這時一輛小貨車到來，一路播放著原住民音樂，運送棉被到此販售。駕駛操著阿美族語，跟我們大聲打招呼。臨時當我嚮導的男子興沖沖地過去聊天，忘了我的存在。或者，才認識不到五分鐘，就把我當成村人，留我在教堂晃蕩。

未幾，我走回車站，繼續等候火車到來。繼續站上觀景台，回味那段悲傷的情話。進而沈浸在花東縱谷，一個被遺忘的深沈山谷裡。(2009.1)

附註：觀景台和車站都已改建。

山里部落的白色小教堂，秀氣地坐落在村莊最前方，多以當地卵石為建材。

後壁站

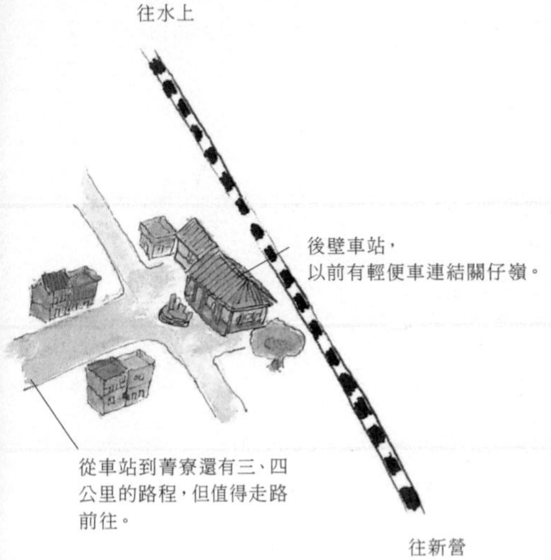
往水上
後壁車站，
以前有輕便車連結關仔嶺。
從車站到菁寮還有三、四
公里的路程，但值得走路
前往。
往新營

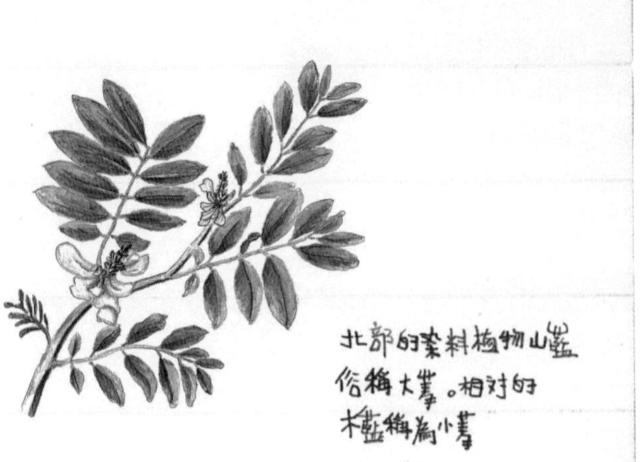
北部的染料植物山藍
俗稱大菁。相對的
木藍稱為小菁

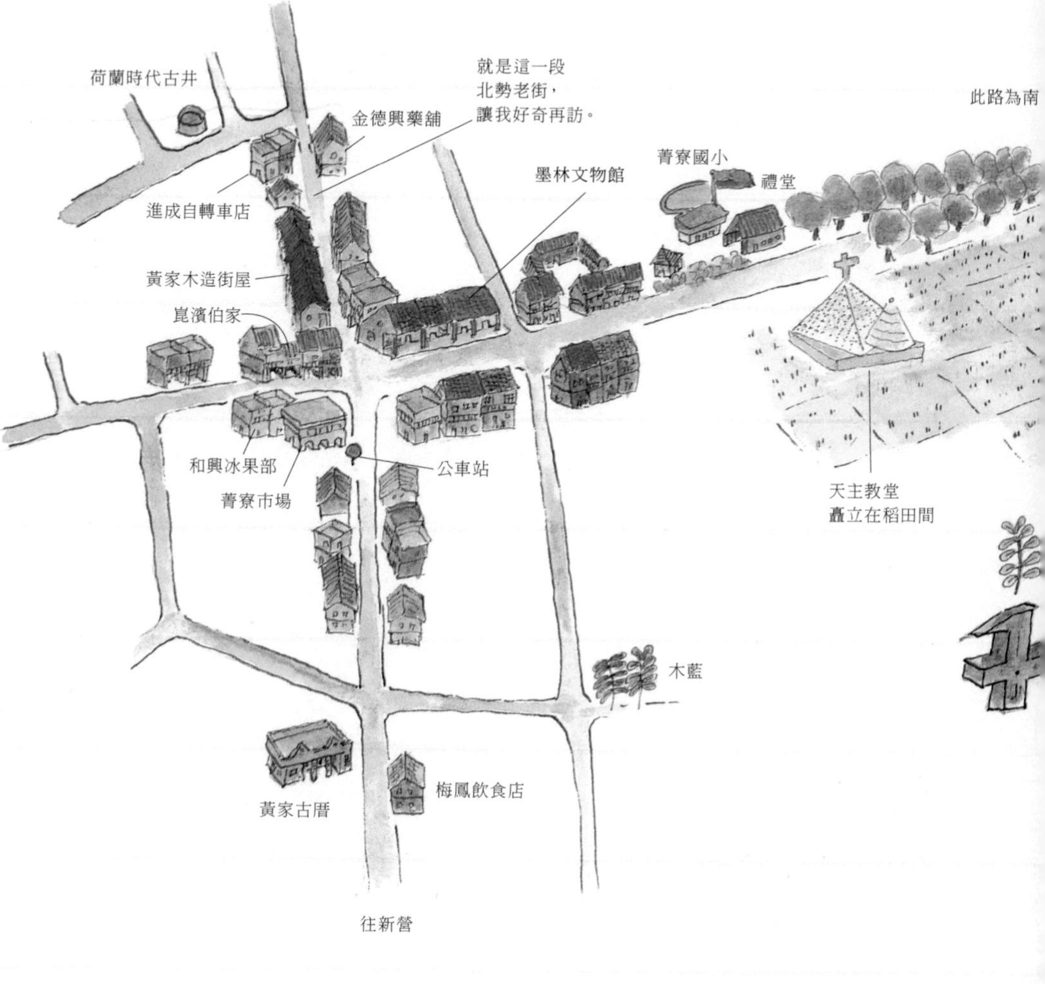
荷蘭時代古井
就是這一段
北勢老街，
讓我好奇再訪。
此路為南
金德興藥舖
進成自轉車店
菁寮國小
禮堂
墨林文物館
黃家木造街屋
崑濱伯家
和興冰果部
公車站
菁寮市場
天主教堂
矗立在稻田間
木藍
黃家古厝
梅鳳飲食店
往新營

走路去無米樂的家園

木造的後壁車站，只有區間車和區間快才會停靠。我下車時，發現只有一名外傭一起出站。

候車室內，幾排長長素淨的白色木椅，搭配著透明玻璃的木窗，空蕩出寂然的荒涼。日治時代前往關仔嶺溫泉，都是從這兒轉乘五分車。到了戰後，遊客們多半在下一站的新營改搭客運。

我原本也想在新營下車，但我不是要去關仔嶺，而是到一個叫菁寮的小鎮。那兒因為紀錄片《無米樂》出了名。後來，主角崑濱伯種的米，得到全國比賽冠軍，再次聲名大噪。

從新營車站前往菁寮的公車叫白沙屯線，每天只有五班車。一大早兩班，中午兩班，黃昏時再一班。公車班次稀少，走路旅行限制便多了。只好繼續坐火車回後壁車站。從這裡到菁寮，約莫三公里。

如今的後壁車站，已無關仔嶺的宣傳。售票口雖有免費的摺頁導覽，上面標題卻寫著：無米樂，冠軍米的故鄉。走出車站，回望著這座黑瓦的

目

牛背鷺群跟在收稻機後頭覓食，這一刻，農夫、鷺鷥和我都是滿足的。

木造車站，一股興奮頓時油生。自己選擇了在此下車，而且要走路過去，似乎是正確的決定。

一輛計程車恰好駛進來。這位司機很少在此載客，正準備回新營。他告知，前往菁寮只要一百元。我不搭理，他狠心打對折。

我一度動心，但想起曾經在書上見過的景象：一座詭異如金字塔的教堂，矗立於碧綠的稻海之中。再想像，黃昏時，太陽照射在菁寮小鎮的滄桑，餘暉打亮金字塔教堂的莊嚴，還是選擇了徒步。

第一次經過菁寮是去年，並非為了無米樂，而是偶然。當初因為趕搭高鐵，朋友抄小路，彎進了這個名氣方興的小鎮。

經過的時間大約二十秒，就彎出來，繼續在稻田為主的原野上奔馳。但這短短的二十秒，我的眼睛霍然開亮，驚訝著南台灣還存在著這麼精緻、樸實的老鎮。此後便惦記著，改天一定要專程前來，而且緩慢地接近它，像賞玩古董般，慢慢地品味。

沿著通往菁寮的南八二大路，果不其然，遠遠地，便看到金字塔逐漸露出。我隨即興奮地彎入稻田間的產業小路，避開了車輛的

菁寮國小日治時代建造的中正堂，讓我想起小時就讀的台中市大同國小的禮堂。

百年前西方旅行家描述的南部古厝，大抵如是。

黃家木造街屋過去出租給許多店家做生意。

往來。黃昏時，走在這等鄉徑，遠比徜徉在任何景點都更加快意。

多數的第一期稻已收割，但還有好幾處正在搶收。行進中的收稻機後，總是跟著上百隻牛背鷺，熱鬧地集聚在那兒，尋找土堆中的蟲子。這是農夫、鳥類和旅人都同感滿足的時光。

菁寮的天主堂出自一位得過普立茲克建築獎的老外之手。金字塔教堂突兀地矗立在南台灣，前衛十足的線條搭配著綠色的原野，乍看確實不協調。但我沿著稻田逐漸接近時，擺脫了金字塔和沙漠的既定印象，逐漸有著和諧的親切。

我猜想，當初設計者可能也是從稻田的角度反覆摸索，才有此一顛覆的想像吧。若是從小鎮的位置構圖，就不是這等內涵了。

接近天主堂時，我折回大路，旅遊導覽告知了前面是菁寮國小，內有二三老建物，足發思古幽情。果然，學校左右端各有日治時期的建築。其中一間為藍色的木造大禮堂。門口斗大的「中正堂」俯瞰著我，我不免懷念早年自己讀小學時的那一座。

它們的長相全然相似，一樣的巨大、古樸。這時，我彷彿在夢

從遠遠的稻田走過去，在綠浪中，看到天主教堂了。

裡，跟四十多年前的那座相逢似的。在石頭上，我跂坐許久，像跟一隻絕種多時的巨大哺乳動物，靜默地對望著。感謝它的回來。

小學前方就是期待中的小鎮了。兩排紅磚和木頭為主的老屋舊景，以不規則的櫛比鱗次，安靜的偎集著。當我走過，更以一二樓高的低矮和沒落樣式迎接。

那些這些古老是如此熟悉，卻難以一次歸納。彷彿得來個四五回，無聊地坐在木椅上，閒閒地望著，才能具體的感受。

我站在當初驚豔的十字路口。眼前便是昔時包辦所有嫁妝的北勢老街，一排長瘦的木造街屋，銜接著遠方的老舊三合院。繼續很早時代的風華，旅人最想停駐拍照的那種。

我注意到，路口另一頭有一小小菜市場，裡面有十來攤。看那鋪檯的擺置，應該是賣豬肉、魚肉和雞鴨的。畢竟周遭都是農家，蔬菜類容易取得。

這回邂逅因時間從容，充滿踏訪的新鮮感。沿著北勢老街走到尾，折返時，彎進協成伯的腳踏車店。他在暗黑的車店裡頭打盹，我探頭進去時，他剛好醒來，邀我進去休息。他知道我是個疲憊的旅人，卻沒問我是誰。

一對老夫婦進來，我們一起坐在長板凳上。他們專注地和協成伯聊風水、神明的問題。我離去時，還在興致勃勃地討論著。

走回十字路口，崑濱伯正在店裡打算盤，一邊似乎在抄錄稻作的事項。我走進去，他熱情地歡迎我。全是和穀物相關的店面，擺了兩張精緻的藤椅。

他忙著書寫，要我隨便做什麼都可以。就這樣打完招呼，也不知我是誰，他繼續埋頭工作。我猜想，現在是休耕期，他還有時間在桌案處理事情。等下一期稻栽種時，又得在田裡忙了。

就這樣，靜靜地坐了許久。對面的冰店聚集了不少當地的年輕人，因為是知名的冰店，也是小鎮少數的飲食店。我把背包擱著，去那兒吃了一碗。約莫半小時回來，他仍伏案工作。

一輛新營客運到來。六點鐘的最後一班公車。這是沒有便利商店也無旅舍的小鎮。我跟他倉促道謝，旋風般離開。

掛著YAMAHA招牌的舊式二層樓木屋，
教人有著微妙的時空錯愕感。

我彷彿沒來過，繼續停留在初次的驚豔。(2008.8)

崑濱伯忙著核對文件，我們對坐了許久，不曾聊天。他似乎把我當成街坊鄰居。

新埔站

大黍俗稱馬草，外來種
遍布大肚山台地。
新埔海岸亦到處可見。

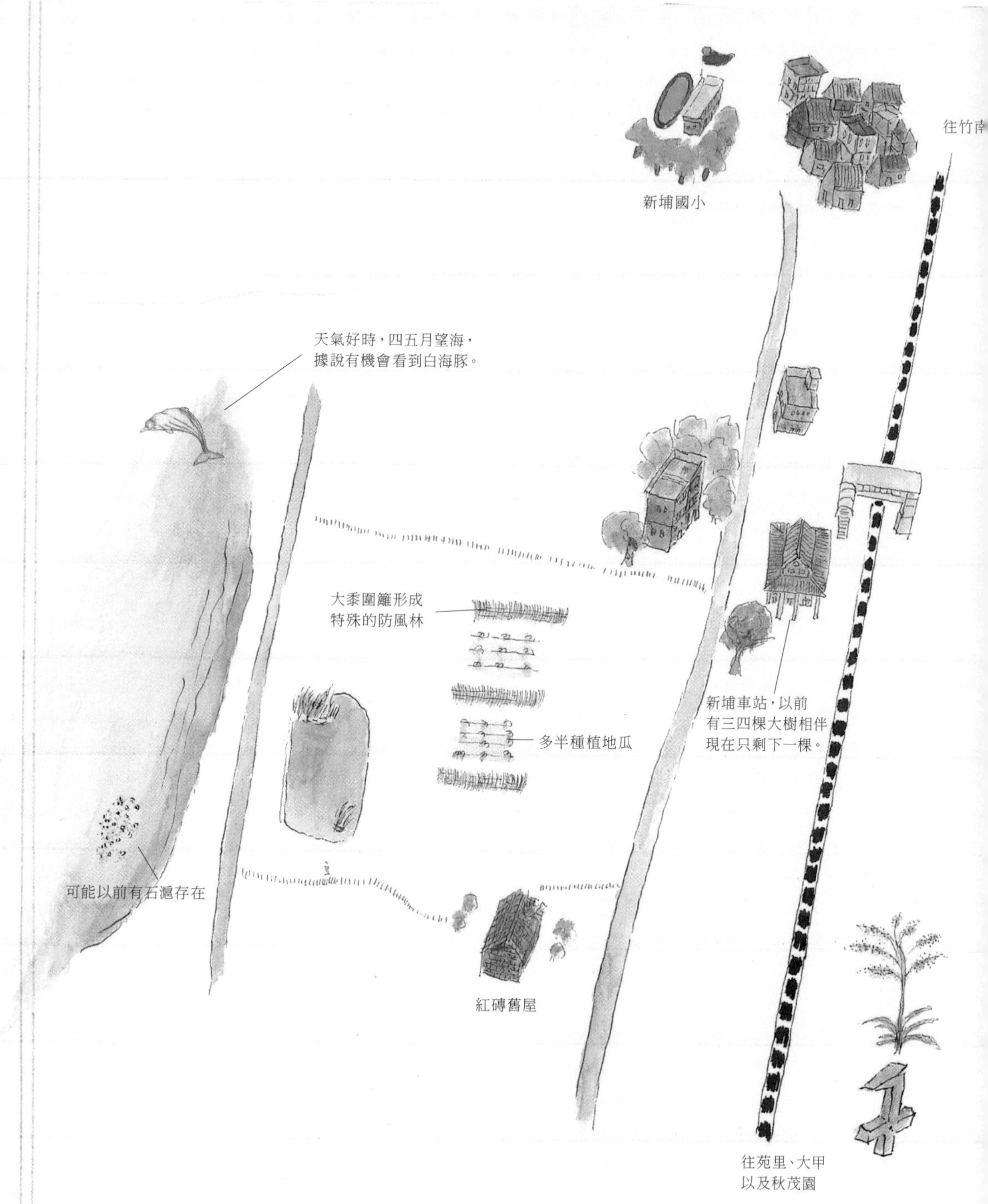
往竹南
新埔國小
天氣好時，四五月望海，
據說有機會看到白海豚。
大黍園籬形成
特殊的防風林
多半種植地瓜
新埔車站，以前
有三四棵大樹相伴
現在只剩下一棵。
可能以前有石滬存在
紅磚舊屋
往苑里、大甲
以及秋茂園

永遠一個人的車站

周末清晨，寒流來襲，我帶著一群學生，想到一座無人的小車站。去那兒做什麼呢？老實講，我也不是很清楚。只是直覺，生命裡應該有這樣的風景。

我們從沙鹿搭區車間往北行，經過清水、大甲、日南等。這是縱貫線的海線，西部鐵道最荒涼的路段。

半途，我們遇到了一位老農。他正要回家。早上他從田裡挖了兩大籃的地瓜，挑到沙鹿市場。不到九點鐘，已經賣光。這是他最近的買賣路線，從新埔搭火車，南下固定在沙鹿，若北上則是到新竹或竹南。他熟悉那些市場，當地顧客也習慣他的出現。

我很好奇，除了買主的信任，他的地瓜為何如此好賣？還有他挑地瓜的扁擔和籃子，到底是用什麼製作的？

探詢下才得知，原來他使用的那根磨得發亮的大扁擔，竟是用刺竹做的，已經挑了二三十年，幾乎是他身體的一部份。我看那根扁擔，雖是一

這樣的木造候車室是望海、發呆、看小說的上乘場景。

根平擔，但相當粗大，絕非一般刺竹可得，想必是特別選取。以前的人，為了得到一根優質的扁擔，往往特地栽植培養，在植株生長過程時，刻意略微彎曲調整。三、四年過後，竹子長成合適的弧線，也夠堅實了，才砍伐。我猜眼前的扁擔當是這樣呵護的產物。

只可惜，裝地瓜的米籮，現在是用塑膠製作的，以前的人多半以桂竹編織。我不免大歎可惜，老農也附和我的想法。桂竹編織的往往更為堅固耐用，只可惜，現在少有人懂這門手藝了。

沙鹿鎮以紅土地瓜出名，晚近還以此舉辦節慶。老農會挑到市場販售，想必新埔的沙土地瓜亦有其特色。而像老農這樣從海邊挖取，前往海線小鎮販售的人，應該也有好幾位吧。

我們一起在新埔車站下車。這是縱貫線最靠近海的地方。車門一開，隨即迎來強大的海風和細沙。除了車站，跟一二間房舍對望，四處盡是荒涼的景觀，被海的聲音和氣氛包圍著。

只有區間車停靠的新埔車站僅一名站務員。平時都只有一二人下車。老農出了站，兀自孤獨地北行。遠處地平線有一小村和一所小學。

屋簷下的牛眼窗是海線木造車站的特色。

此地是日治時期海線系列木造車站之一。同樣的身影，還有大山、談文、日南和追分等，都有八十多年歷史了。但唯有它，一棵老木麻黃樹陪伴著，緊緊面對著開闊的海洋。雖是縱貫線上不甚了了的驛站，卻是走進海洋的唯一小門。一走出車站，就不自覺地被前面的海洋吸引。

我們四十人一起下車，顯得擁擠許多。但縱使這麼多人，走出了木造乳黃色的小車站，仍跟螞蟻一樣，只剩豆大的身影，沒入開闊而寂寥的天地。

七年前來此，車站的素樸和周遭的荒蕪搭配一起，有種渾然天成的滄桑，直覺鐵路局隨時會廢棄它。如今時空依然不利，它還能完整地存在，頗教人額外欣喜。

這車站合該是每一本成長小說，每一部偶像連續劇，都該描繪進去的場景。縱使像我這樣年過半百，都有小小的竊喜，感謝自己還有機會，沒有錯失這座小站的走訪。更何況來此三回了。

但一個人來，跟一群人走訪，還是有些差異。一個人適合倚著車站的木門，遠遠地眺望海洋，然後在強烈的海風中，寂寥地縮回

在區間車上邂逅了挑地瓜的老人和賣菜的阿嬤。

木椅。支頤擱頭，繼續由木窗凝視。火車停靠的班次不多，心裡想著，或許下回該帶本艱澀的長篇小說，來此打發時間。

四十人是不同的孤寂。我們像幾十隻同時孵化的小海龜，奔向海洋。以許久未有的異樣心情，迎向集體的開闊和孤獨。大家各自走向海堤，走向廣闊的沙灘，留下各自的足跡。

海邊的堤岸多了不少步道設施，但在海風狂野地鎮日吹拂下，形同廢墟。地方政府還是不懂得，「天然ㄟ尚好」的美學，總自以為是地添加一些醜陋的人工設施。以減法工程考量，讓自然環境自行改造，這等新思維並未在此發生。

不遠處，有一間紅色磚牆平房，唯一角殘破，早已無人居住。前面有二三株勉強結果的芭樂樹。然後是一壟壟地瓜田。那些地瓜葉彷彿被曬焦，又彷彿營養不良，呈枯萎狀態，顯見地質之惡劣。它們的困頓狀態讓人想起火車上遇到的老農，不知他那賣相極佳的地瓜如何栽種的？

中部海線素來以防風林聞名，一道道防風林接連地在田野上矗立著，種類有木麻黃、竹木和黃槿等。此間沙地竟以一種禾本科植

大黍形成的圍籬，頗適合防風。

物，形成淡黃色的草牆。這一獨特的自然景觀約及人立高度。它叫大黍，俗稱馬草。當地人偶爾割取，餵食牛羊。防風林間，除了地瓜，勉強有一二菜畦，小小地，還用細密的紗網蓋住。

四十多人奔向海邊，一陣冷靜後，有人繼續彳亍海灘，有人放鬆地橫躺防波堤，也有雙人結伴緊靠，繼續背對著陸地。儘管長長的海堤，佈滿了無以計數的消波塊。我們偶爾也會掃瞄到，地平線遠方，幾根通霄火力發電廠的煙囪，高大地豎立著。但大海彷彿都包容了這些人類的不當行為，也接納了我們的寂寞。

海峽的海有一種開闊的淺薄，輕悄的抑鬱。海浪的聲音像是發自很近的地方，而非遙遠深邃之處，天空則始終灰韃而低沈地配合著。好像不容易被淘空什麼，也很難滿足。眼前的海，似乎教人更茫然。

我站在海堤，如此鬱卒地遠瞧。到最後，知道什麼都不用說，關於這裡的人文風物種種。回頭望著車站，有人正走過，又是一位挑著扁擔的老農，猜想應該也是挑地瓜到外地販售，剛剛回來吧，一輛火車在他背後離去。

通霄火力發電廠龐然矗立著。

但徘徊海邊的我們，繼續把時間在此擱淺。(2008.12)

年輕的學生下車後，不顧寒流，奔向海邊，在沙土留下足跡。

高速風景

我是高鐵人

有一天，去買筆記型電腦。我跟售貨員提出自己的條件，很簡單，只要上網和打字即可。

售貨員聽完，確知我是電腦白痴後，他用最淺顯的語言，貼心地提供了進一步的建議，「現在小尺寸的筆記型電腦有兩種。一種不耐震，怕衝撞；另一種，確定可以在高鐵上安心使用。」

這個提醒引起我的好奇，平時搭乘高鐵，到底有多少人在打電腦？後來上廁所時，遂刻意繞遠路觀看車廂裡的旅客。來去幾回的經驗得知，一節車廂內使用電腦的人，其實還不多，往往只有那麼三四位。相反的，打手機的人倒是不少。不過，在那平穩的空間裡，我相信電腦的使用率將愈來愈高。

此外，在這個觀察裡，我意外地獲得了一些新的體會。我隱然察覺，搭乘高鐵的人，在心境上，明顯地和搭乘台鐵的人是不一樣的。其差異，不只是時間的縮短，可一言以蔽之，還有許多細微的改變，在搭乘時悄然發生。

比如，好幾回，我在搭乘時，手機講到一半便斷訊，或者打不出去，那時往往正經過桃園台地，或者進入新竹苗栗山區的隧道。

因應地形的限制，我逐漸摸索出通話的時機。高鐵從台北出發，穿越桃園台地，出現一望無垠的鄉野和簇擁的都會時，大約有七八分鐘，還可接通。接下來，高鐵進入新竹至苗栗間無數的隧道時，手機時斷時續，還不如關機。

他們是高鐵人。明亮乾淨的高鐵，仰賴這排聲勢浩大的清潔人員維持。

等出了苗栗山區，接近大安溪時，方能安然通話。不過，橫跨大肚溪後，又有八卦山台地的隧道緊接在後，這時又要斷訊。出了此一山區，手機才暢通無阻。

只是，好不容易掌握，如何在高鐵行進間趁空打手機之際，我卻有了另一層領悟。

高鐵穿過隧道，手機不易接通，讓我找到合理的藉口，安心地關機，藉此推託一些雜事。更因逃避煩瑣的俗事，意外獲得了一段安靜的休憩時光。在站與站間，在兩個忙碌的城市間，獲得了生活的必要緩衝。

這一難得的平靜，搭乘高鐵多回的人，尤其是旅程較遠者，相信都會感同身受。高鐵的準時，讓人安心地享受這一短暫的休息機會，不必上車了還不斷地忙著打手機，或是攤開電腦。透過高鐵，反而有了跟這個世界隔離的時間。

這種快速移動下的生活躲避，充滿啟發。讓我思考，高鐵不止帶來一個新的生活秩序和生活價值。它本身是一個絕緣體。一旦關機，你有一到二小時，不屬於別人，只屬於自己，安靜地沈浸於自

高鐵的廊道設計風格前衛，彷彿另一次元的世界。

搭上高鐵，去遠方，也和世界暫時脫離。

己的小小世界。

高鐵是某一種移動的Motel。一個暫時的家。旅人無須另覓棲身的旅館。我因而不看好，旅店和公寓在高鐵站旁的發展。從我的需求，它的周遭未來也不可能如一些趨勢專家的樂觀，將會出現大賣場和百貨公司。它只是一個轉運站。有一段距離的隔開，正好適合。

假如小說家卡爾維諾活在高鐵的年代，他一定會有相關的描述，一如其對火車進出城市的濃厚情感，寫出諸多精彩的隱喻。

誠如他的書，《如果在冬夜，一個旅人》，或許淒涼。

但更進一步，如果在高鐵，一個旅人，卻很異域。

我在高鐵上，就看到不少卡爾維諾式的寓意和情境。搭乘高鐵時，何妨印證看看，是否有以下我描述的這些狀況發生：

火車常常經過醜陋的城市背後，一大堆難看的城市公寓建築。但高鐵行經許多美麗的荒野和農村，帶出更多自然風景。你更想把視野望向窗外……

你很慶幸，不用再開車，孤獨而漫長地單獨駕駛。你開始訝異，早些年為何有驚人的體力，花三四小時在高速公路奔馳……

你比以前更快抵達要去的地方。更願意前往以前不想去的，或者一些以前不曾走訪的地點，更願意花時間滯留。你覺得自己有更充裕的時間觀察異地……

你會更有興趣翻開一本書，在平穩的空間裡閱讀。所以，看書的機會可能增加了。高鐵站因而出現書店，提供書本販售的服務，但火車站就不會擺設……

你正在被改造，正在高鐵化。不知不覺以高鐵的時間和風景，重新調整生活的節奏。

在高鐵站和車廂裡，有很多高鐵自家的廣告，採用了直接對照的宣傳策略。比如，一個人在城市的木桶池裡泡熱水，有了高鐵後，他可以在櫻花樹下泡湯，遠眺蓊鬱的森林。又好比，一對情侶原先只能握著滑鼠，透過電腦網路聯絡對方。現在，卻很快就能手牽手了。

這些廣告強調的是時間的縮短，帶來生活的便利，但都不若心理層次的改變。對愈來愈倚賴高鐵往來的人，這是一輛短暫心靈治療的列車。都會人的冥思空間。

現在，我很享受，一上車就閉目養神，彷彿搭太空船，跟台灣和世界短暫脫離。可能很久沒有這樣放空了，我透過這個短暫的休息，獲得解壓，彷彿按摩，亦若spa，讓自己好好放鬆。當目的地抵達時，再恢復精神，回到原先的世界。

高鐵下一期的旅行廣告，說不定可以刊登如是的內容了。(2008.9)

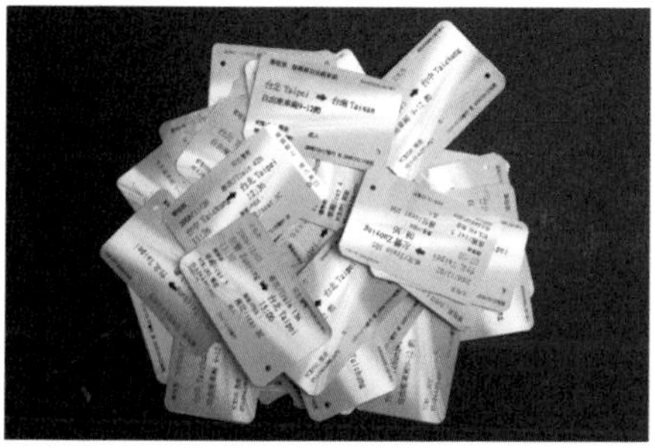

我絕對是高鐵人！這是我一年來對高鐵的貢獻。

竹·卵石河床

桃園·埤塘

大漢溪·無卵石

搭高鐵，宛如看生態電影

視野更高，路線更荒涼。再加上，驟快的速度，高鐵不僅如預期帶來城鄉差距的洗牌，也帶來全新的旅行視野。

從年初迄今，搭乘數十來回後，我便有不少感慨。尤其每次從台北出發，好像步入電影院就座，火車穿過長長的隧道後，一部台灣寫實片開始放映了。

早上搭乘南下列車時，陽光從東邊照射進來，我習慣選西邊的座位眺望。此一位置，光線柔順地照向西海

濁水溪，泥沙豐沛

彰化，鄉野

苗栗，油菜花田

岸，風景最為舒適。

反之，選擇東邊的座位，就得碰運氣。陽光若未強烈，那就幸福了。遠眺時，還可望見雪山山脈和中央山脈，縱使沒有辨認山頭的能力，跟大山的矗立遙遙相對，亦是一大享受。

高鐵經過的路線，大抵有二大類地理環境。北部桃竹苗，以丘陵地居多，南部出了八卦山之後，幾乎是平野。

儘管風景如此簡單分明，仔細觀察，每一個區域仍大異其趣。我們常讚美，台灣具有豐富的生物多樣性，或可從這一緯度二十五下抵二十二多度，近乎兩格半的小小差異裡，看出鮮明的變化。

，科技園區

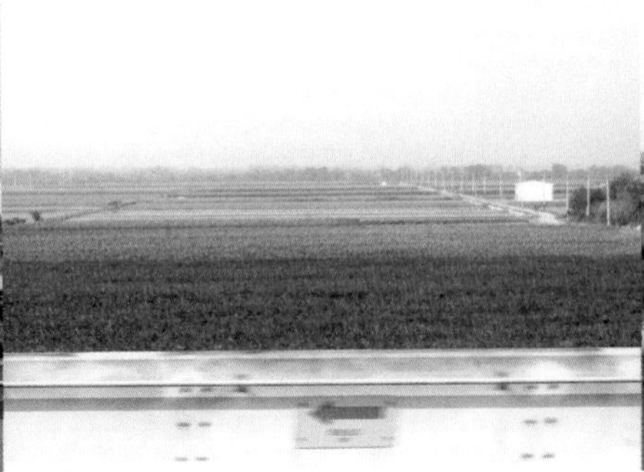
嘉義，蔗田

雲林，網室栽培

比如同樣是丘陵，桃園地區眾所周知是埤塘之鄉，水稻青綠錯落，工廠卻也爭相簇擁。新竹山區乃油桐樹密集之地，碧綠的山坡林相，間有柑橘、柿子等果園景觀。苗栗則不再是工廠伴護著稻田，農家院落較為普遍，卻也呈現幾許破敗的荒涼。

這一大片以紅土和卵石為基調的家園，最後，延伸出了鐵砧山、大肚山和八卦山等相思樹的台地。

又比如同樣是平野，濁水溪以北，大抵為水稻和旱地的混雜環境，樹林則由防風林羅列，逐漸轉為園藝樹種或人造林的景象。過了濁水溪，雲林的田野換成另一種風貌，多半為綠色紗網鋪蓋的葉菜類栽培區，有時一望無垠，形成綠毯般的驚奇。

一過嘉義站，逐漸換成大面積的甘蔗田，一塊塊鮮明地，和稻田、旱地錯落。接近台南時，漁塭和菱角田的環境逐漸多了，但工廠也相對地增加，再次形成緊張的土地關係。

最後，靠抵終點站的半屏山時，一棟龐然的東南水泥廠矗立，尷尬地為這部生態紀錄片畫下休止符，頗有電影戲劇手法的震懾高潮。

這是一部台灣平野景觀的自然紀錄片。以前搭火車，往往要四五個小時才演完，現在濃縮成短短的九十分鐘。高鐵製作的是部快轉的片子，時速若三百公里，每分鐘，劃過眼前的景觀約有五公里長的景物。每秒則約八十公尺。這麼迅快，旅客往往來不及咀嚼，就得拋諸腦後。

這部片子所呈現的視角也迥異於過去，它的位置更高。平均高約十公尺，帶著略微俯瞰的視角，巡行這片土地。

一路上邂逅了綺麗明媚的田野鄉間，驚歎著許多山野丘陵的婉約，居然尚未前往。連目前最為翔實的旅遊指南，都還不曾記錄過。假如你跟我一樣，一路做筆記，認真記下那些驚鴻一瞥的風景，日後再逐一邂逅，相信將有走不完的旅程。沒有一部紀錄片，能夠如此緊密地展現這般華麗而多樣的台灣景觀。

只是，也會詫異，土地濫墾和生態破壞竟如此嚴重。搭乘高鐵望向窗外，無疑地，那是認識台灣生態環境破壞最佳的課程。

搭乘愈多回，目睹的也愈多。從北部城鄉建築的醜陋面貌，丘陵林相的大量開墾濫伐，以迄中南部農產耕作的凋零，工廠違建的嚴重污染之類，又或者溪流水質的惡化、河岸的胡亂整治等等，總是讓人觸目驚心。

幾乎每一分每一秒，車窗的畫面，都會帶來教人傷痛的無奈場景。對環境土地敏感者，簡直在看一部台灣版的《不願面對的真相》。

也望見，遠遠的大地上，常有一老農老嫗，渺小地站在荒涼的農地上，跟祖先一樣，已經站了一輩子。還有一些耕地正在轉作，重新以花卉栽植，嘗試著尋找新的出路。又或者，更多的土地在休耕中，偶有一些，還栽植了漂亮的綠肥植物，養土護地。這些景象都讓我更小心地思考，我們和土地的關係。

當然，也驚覺，外來種的植物不斷地入侵。比如小花蔓澤蘭，早已從中南部擴散到北部丘陵，在桃竹苗的相思林蔓延開來，大塊大塊的淺綠色澤，浸染了整個森林，彷彿整個西部山區都將淪陷。還有那晚近常被我們稱頌的油桐樹，竟然漫山遍野，不斷地增加面積，對丘陵地原生物種產生嚴重的威脅。

難道沒有油桐花的林海，春天就不能美麗旅行？

難道必須修築高長的水泥護岸，河川才能防洪？

難道老舊的古厝聚落非得拆除，才能更新都會？

難道山路都得開得又寬又大，才能帶來貨物暢流？

我的高鐵旅行風景，永遠夾雜著這些與那些複雜的美麗與哀愁，活力與頹敗。這部家園大地的紀錄片，無法剪接，也無法掩飾。它總是很老實，原原本本的，把每個時節該有的景觀赤裸裸地展現。這些文明又荒野的畫面，不斷地輪番轟擊我的雙眸。

通車快一年了，我還無法如過去，在台鐵的火車上，習慣地安穩熟睡。總是撐著眼皮，想多看窗外幾分，好像目睹一部家鄉自製的精彩電影，不看覺得可惜，但看到了，卻又抑不住傷悲。(2008.6)

終點站，東南水泥廠

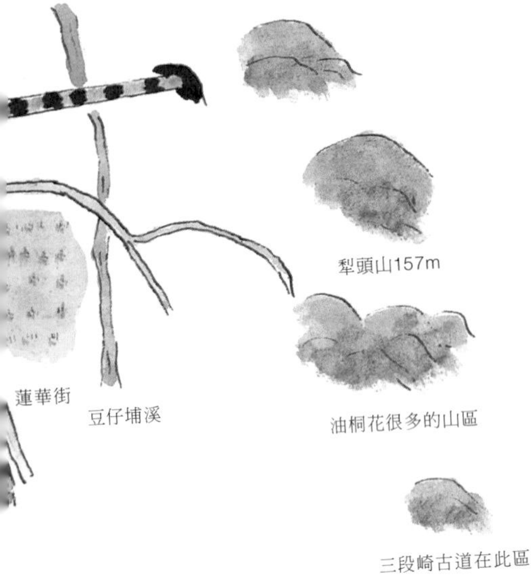

搭高鐵看桐花

五月桐花季又到了。去年搭乘高鐵，試著從窗口觀賞花海。窗外的桃竹苗丘陵，有些森林彷彿覆蓋了一層層白雪。快速過景間，高鐵又不斷地出入隧道，一明一暗下，那花海的綽約，更充滿明亮的流動性。

今年雨水不多，風景似乎更為可觀。常見的相思樹，黃花滿樹，茂盛愈加，而且延長了花期，重疊了油桐花季。兩種樹群夾雜，黃白相間，更撞擊出春日的繁華，也把桃竹苗丘陵低海拔最大的美麗，全部在這時迸發出來。

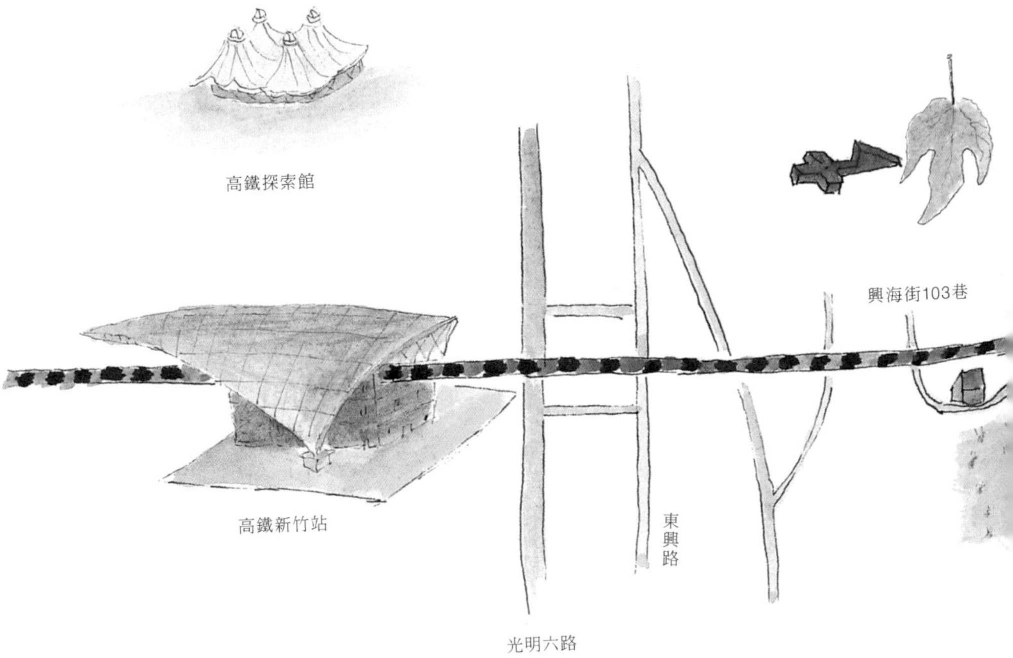

搭乘高鐵的經驗，如同台三線，桐花大多蔚集在新竹和苗栗山區。去年，我在桐花季時，初學了桐花雌雄之分辨。一棵油桐會因地理環境和時空條件而變性，有點像現代人性別意識失序，緣由複雜，不知如何解釋，知道這等狀況後，便懶得再區別。寧可傻傻地，繼續以眺望的美學距離，凝視猶若白雪靄靄的山頭。

油桐這一屬，我們熟識的大抵有千年桐、三年桐、石栗等不同樹種，主要分布區域在亞洲東南方、太平洋部份島嶼。香港人把耐污的石栗當行道樹，據說此果有毒可當瀉藥。我們在日治時代，把前面兩種樹，從大陸引進，取果實萃取為工業塗料。

三年桐很少，果實和油桐相似，但外皮光滑，因而又稱光桐。四月初

卵石田埂羅列
稻穗熟了
豆仔埔溪蜿蜒蓊鬱鄉野

舊時溝渠如昔
桐花落了
三段崎古道穿越相思山林

時，就看到紫花零星掉落。至於形成白色花海的千年桐，即俗稱的油桐，果實外皮如老人之青筋外露，我們最為熟悉。

如今為了觀光花季，我們雖未鼓勵大量栽植，但似乎有愈來愈多之趨勢。常見滿山遍野，好像忘了其外來種之威脅。一般來說，桐花的盛開期在四月下旬到五月上旬，將近一個月的怒放。有時受到溫度和降雨量的影響，還會縮短。

從旅行角度來看，還真有點壓力，猶若日本的櫻花賞之旅，過了此季，就得等明年了。兩相再比較，日本人賞櫻歷來有之，早已形成風雅的傳統習俗。近年借科學研究之助，政府提供詳細的開花時間和地理分布資訊，櫻花的演出因而更臻完美。

晚近幾年，我們也嘗試仿效。客委會便架設了一個桐花祭的網站，裡面開闢了「開花行事曆」和「全台開花狀態」，確實為台灣的桐花旅行，帶進一個新風貌。

這一桐花情報自四月中旬起，每週四發布一次，大約共四回。各個鄉鎮都有專人在固定的景點觀測桐花狀況，回報消息。以前賞桐花，經常拿捏不準該去哪一個點，才不至敗興而回。如今有了翔實的動態記錄，旅行前一天，上網瀏覽，哪個鄉鎮桐花的開花狀態，以及花苞、吐花的內涵程度，都更加瞭若指掌了。

桐花時節，能在桐花林間遊賞，當然最為愜意，但我著實不喜歡被引導，循著官方網站的安排，跟隨人潮去推擠。我喜愛自己尋找路線，避開遊客集中的步道區。官方網站介紹的桐花步道，也很容易失去野趣。我喜歡摸索一些尚未提及的山徑，三五好友前往，靜靜地享受。桃竹苗桐花山路之精彩，當在這樣的隨性漫遊。

比如，四月底時，有天，我在高鐵新竹站下車，回首望見六家之後山，一百多公尺的犁頭山山區。遠眺時，山坡上油桐和相思樹相疊，黃白花朵參差錯落，綺麗地蔚集，不免教人心生嚮往。

儘管高鐵新竹站提供接駁車，分別駛往芎林與北埔、峨眉等觀賞桐花地點，我還是大動遊興，選擇了徒步旅行，走往這列高鐵旁的山區。

進入山區前，這兒有大片水田和平野森林。桐花開時，一期稻即將結穗，我喜歡此等穿過鄉野的生氣盎然。這時稻田的色澤也最為飽滿。我沿著蜿蜒的窄小柏油產業道路，跨過豆仔埔溪，再走過泥土田埂，愉悅地接近山區。滿意地以為，桐花之行當如是也。

進入山林，更是漫遊之精華。犁頭山東邊，有一條著名的三段崎古道。崎乃山坡、斜坡、陡坡之意。古道中間大段山坡，仍保持泥土農路和卵石階梯，無疑是認識卵石台地的精華路段。山路因分成三段，而有此名。

此一古道銜接六家鄉野和新埔寶石里，乃昔日農民運送柑橘等農作物，辛苦走出來的林間小徑。油桐花海便在這段古道上恣意地起落、綻放，伴隨著我們的遊走。

現今的桐花旅遊，明顯地朝觀光化發展，進而結合客家的文化創意產業。此一行銷策略，晚近逐漸看出成效，但我們或更該期待，桐花漫遊背後所帶來的質樸意義。

選擇不知名的山路賞桐花，而非走入像誠品書店般的枕木步道，無疑充滿具體的感懷和感恩，更貼近貧瘠年代的生活情境。對客家人而言，油桐所代表的意義不止是生活經濟上的幫助，還是一種長久以來的感情依靠。這種客家人與油桐間的深厚關係，實宜好好彰顯。

櫻花季時，日本家庭外出賞櫻，常選擇一棵允當的櫻花樹下鋪就地毯，矜持地守望那兒，悉心地享用簡單的餐點，甚而有著和服之嚴謹儀式。我們的下一步桐花旅遊，或可以此為借鏡，走向細膩的賞花美學。(2008.5)

覆滿油桐花的山路，大自然最浪漫的風景。

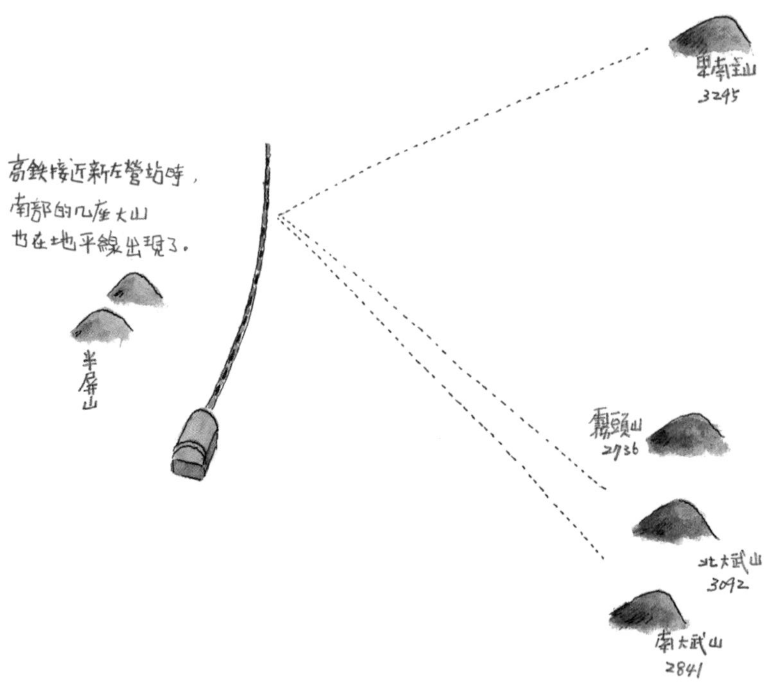

冬末午後二點半的高鐵

冬末時節搭乘高鐵旅行，很難入眠的。再累，也想撐著眼，或者乾脆叫一杯，滋味平淡的高鐵咖啡，讓自己清醒些。

為何不休息呢？原來，這時節油菜花全面盛開了。車窗外，荒涼的鄉野間，常有一塊長方形的休耕田，冒出黃澄澄的整齊花海，溫煦地迎向陽光。仔細瞧，還有一些小白蝶，在花海間飛舞。

那種明亮色彩，彷彿不是大地自己孕育，而是某種裝置藝術，經人刻

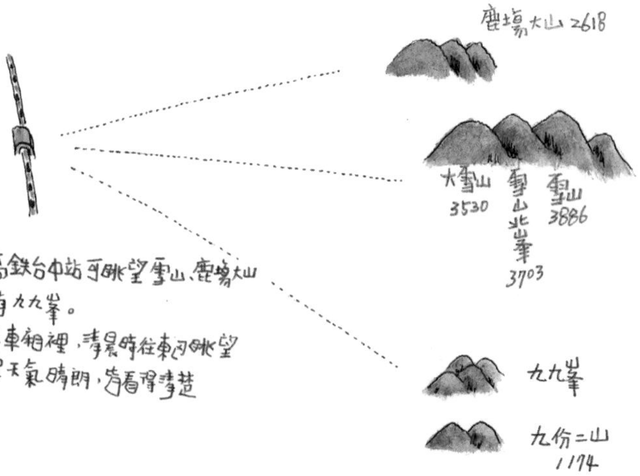

從高鐵台中站可眺望雪山、鹿場大山
還有九九峰。
坐在車廂裡，清晨時往東可眺望
只要天氣晴朗，皆看得清楚

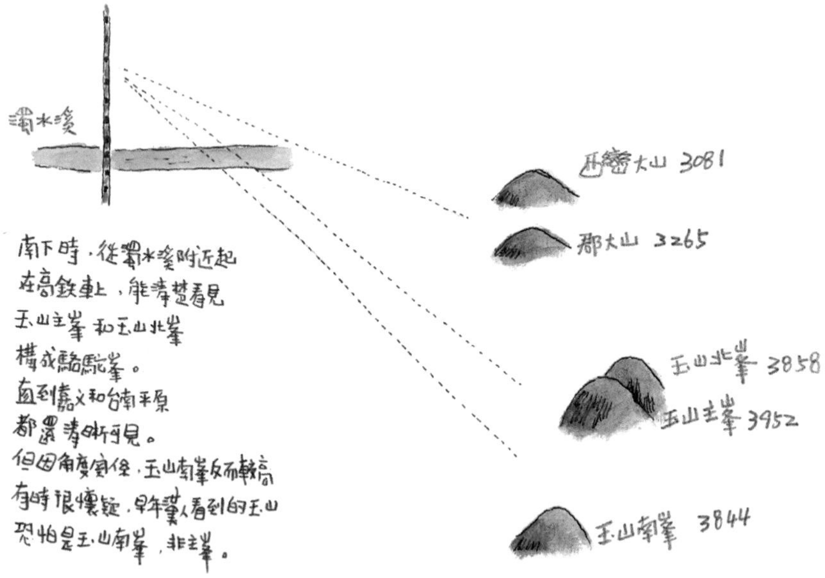

南下時，從濁水溪附近起
在高鐵車上，能清楚看見
玉山主峰和玉山北峰
構成駱駝峰。
直到嘉義和台南平原
都還清晰可見。
但因角度關係，玉山南峰反而較高
有時很懷疑，早年獵人看到的玉山
恐怕是玉山南峰，非主峰。

由菜花海

雪山山脈

九九峰

意擺設。為了慶祝某一嘉年華會，一夜之間，按插在田地上，讓死寂的環境，洋溢著生命色彩。

有時，那金黃花海，還不可思議地在平原連接好幾塊，或者在山谷間，豐饒地盈滿，讓人眼睛一亮，油然心生溫暖。

搭乘高鐵，車窗所能眺望的位置較高，也遠比鐵道和高速公路的視野遼闊。油菜花田鋪陳出來的瑰麗視覺，益加絢爛奪目，讓人聯想起花東縱谷的油菜花田。只是花東縱谷的花海總是大塊風華，彷彿與生俱來就該如此豐腴。

西海岸剛好相反，從一片枯寂許久的大地上，硬是發芽蹦出。那種突然間的璀璨，以及預期中，時間不長

惡世界和玉山山脈等

波斯菊花海

高鐵經烏溪河床

的花季周期，更讓人有著新生命到來的喜悅。

每年從冬至暖身，持續到過年。這是一把大地慰問我們的大束鮮花。不管去年過得如何辛苦，祝福我們愉悅地迎接未來。

我一路估算，高鐵沿線的油菜花田，大抵從桃竹苗丘陵開始，一直延續到雲林的平原，過了高鐵嘉義站，才逐漸消褪。

高鐵的縱貫，更讓這片花海有了左右之分。若望向海岸，大抵是平原花海的內涵。看久了，難免單調。若朝內陸觀賞，景觀轉折較多。冬天的午後，我因而喜歡選擇東邊的座位。近景可賞金黃花海，遠景則遙望層迭山巒。

冬日下午的山巒，往往是一整年裡，山形輪廓最清楚的時候。不論稜脊線條，巔峰嶰壑，光影層次都特別分明。尤其是下午二點以後，冬日的陽光偏斜，從西海岸越過高鐵，照射在油菜花海，再照到中央山脈、雪山山脈。那等二三千公尺高山的雄峙嵱嵷，或者是較近距離，中低海拔淺山的嶙峋嵾嵯。唯有透過高鐵的遠眺，才得以具體地感受。

從旅行的觀點，我也建議，何妨學習鳥目，讓我們搭乘高鐵時，打開另一個視野。

何謂鳥目？這個日本漢語的意思，帶有遠眺、望遠的情境，在旅行時，又充滿知性的內涵。

以前，我對鳥目的種種定義還頗為挑剔。大抵認定，凡旅人眼睛所見，必須帶來一番新的地理視界，進而添增新穎豐沛的歷史了解和地理想像。

在鳥目的對象裡，山岳無疑是最好的地標。但山岳的指認，卻也是鳥目內容裡，最繁複深奧，最富挑戰性的辨認。若要仔細地一個個鑑別，勢必會讓人頭暈眼花。但若擇一二代表性山頭，或特殊造型者，做為欣賞的地標，旅行就會變得有趣許多。

當你鳥目著，看到熟悉的山，驚奇地發出喟歎，「啊，知道了，終於看到了！」那種沒想到竟也能看見的情境，儼然遇見老友的欣喜。比如，站在新光大樓，竟能看到北插天山；佇足七星山，竟能遙望大霸尖山。以前從未想過，透過鳥目，竟有這樣的樂趣，我想那樣的驚喜，也是旅行時很重要的享受吧。

過去，我認定的鳥目位置，大抵是像101、七星山這類，一等一視野的地方，才可能有這樣的機會。但這是定點鳥目，等搭乘高鐵，我才了悟鳥目無須至高，且可不斷變換。高鐵帶來的流動鳥目，遠方山頭一個接一個輪番出現，那種目不暇給的驚奇，展現了另一種況味。

建議搭乘者，何妨帶一張簡單的台灣山岳地圖，沿著旅行的方位，計算著，現在看到的可能是哪一座山脈。我的經驗裡，比例尺十五萬分之一左右的地圖最為允當，才能從容地對照，一路尋找，甚至愜意地，品嚐那毫無風味的咖啡。

或許，第一回生疏了些，難免手忙腳亂。等多坐幾回，那種尋找的樂趣就會悄然衍生。假如不想錯過任何機會，那麼出發前，先做一番功課吧。說不定初次啟程，所有重要山頭都找到了。

懂得流動鳥目，屆時就能享受，加里山、雪山、九九峰、西巒大山和玉山等等，一座座大山在眼前的遠方橫陳，逐一聳立而過的快樂情境。

但可千萬記得，不要帶比例尺太大的地圖。比如五萬分之一，只適合對照高鐵兩側的城鄉和山林環境，像苗栗火炎山、大甲鐵砧山、台中大肚山等等。否則，屆時會忙得團團轉。

總之，冬末時，欣賞油菜花田和學習鳥目山岳，這樣的高鐵旅行，都是別無僅有的新旅行視界。(2008.2)

高鐵南下接近台中時，鐵砧山聳然而立，紅土卵石台地的印象鮮明。

高鐵站旁的土地公

除了南北二端，高鐵站多位於荒涼而空曠的地點，猶如外太空的接駁站。旅客們穿梭往來，不知車站外圍有何樂趣，遂鮮少逗留。

有一回，在台中站乘車返家。從7-11拎了一杯城市咖啡出來後，因為不急著趕回溼冷的台北，乾脆走到外頭曬冬日的陽光。沒想到，我竟有了新發現。

仔細瞧
黃連木的每根羽狀複葉的小葉
都不对稱

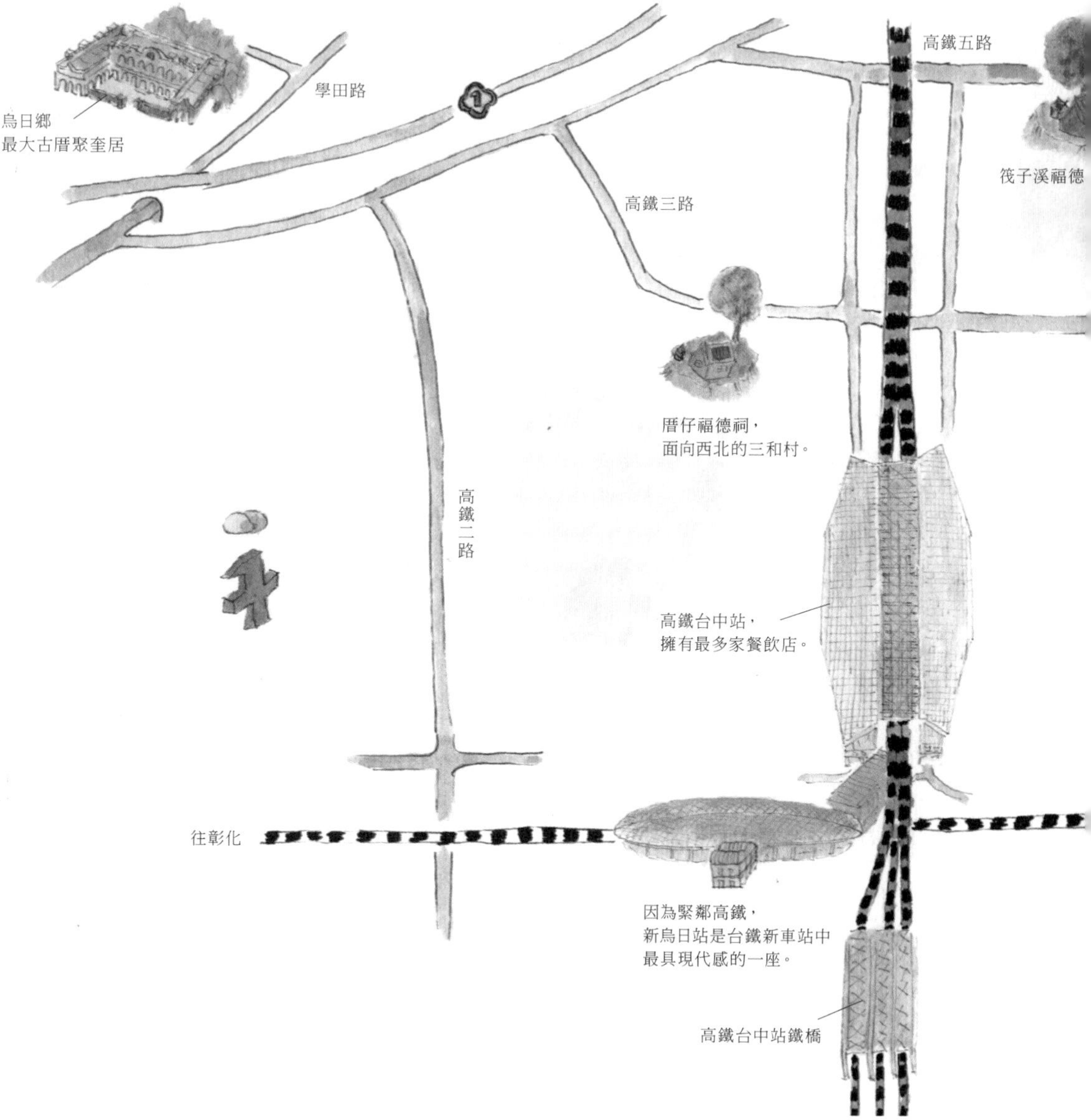

學田路
烏日鄉
最大古厝聚奎居
高鐵五路
筊子溪福德
高鐵三路
厝仔福德祠，
面向西北的三和村。
高鐵二路
高鐵台中站，
擁有最多家餐飲店。
往彰化
因為緊鄰高鐵，
新烏日站是台鐵新車站中
最具現代感的一座。
高鐵台中站鐵橋

居，詩人陳若時故居。

很久以前，大的小的圓滑的卵石便在這兒了。

高鐵來了，小雲雀意外獲得遼闊的家。

榕下供奉著樹王公小祠。

筏子溪的土地公頭戴王爺帽，旁有土地婆。

榕樹遮蔭筏子溪福德祠，小廟庇祐周遭。

前方草原，傳來小雲雀飛入天上的清脆鳴叫。也不知半空中，到底有多少隻，但那美妙的聲音，到處傳來，從未停歇。我不免有些感傷，再過個四五年，這些空無一物的草原，或許都會興建公寓大樓，成為台中最熱鬧的區域。

我一邊聆聽，一邊遠眺著灰濛濛的大肚山。遠方有一座亮麗的建興宮醒目地佇立著，那兒是三和村的聚落。我知道它的旁邊，有一棟烏日鄉最大的古厝，叫聚奎居，三合院型態的二層巴洛克洋樓。從高鐵站走路過去，一刻鐘就可抵達。

今天不趕車了，我突地興起，前往一探的樂趣。再者，我又看到，草原上矗立著一棵大樹，旁邊有座小廟相伴。另一邊，還有更大的廟祠和大樹。每回搭乘南下的高鐵進站時，都會看到。荒地上，空無他物，唯獨這兩棵大樹伴隨小廟倖存下來，它們像兩個大問號，站在那裡向我招手。

印象裡，這兩座小廟，都因高鐵站周遭的發展，差點被拆毀。那時村民群起反對，因而鬧過一些新聞。我很好奇，它們是什麼樣的樹種，供奉的神明，又是何方神聖。興趣既來，當下便從高鐵站走路過去。

第一間小廟旁邊的百年大樹，樹幹擁有直條裂紋的理性線條，遠望以為是樟樹。接近時才發現，竟是一株黃連木。這種樹在中南部的丘陵地比較容易看到，但此棵竟生長在接近河岸的平坦環境，頗讓人詫異。

它足足有三人抱的軀幹。可能為了預防颱風的吹襲，樹枝遭鋸斷不少，也落了不少葉子。唯主幹依然強健，樹根部位堆置了許多大卵石，每顆都接近橄欖球的大小。

黃連木老樹下設有一香爐，另一側則擺了一座觀音菩薩像。另外，大樹旁邊嶄新的小廟，叫厝仔福德祠。此區老地名，乃三和村厝仔巷，昔時多為水稻田。小廟在兩年前重建，裝飾華麗繁複。虔敬地膜拜後，再探看，裡面擺了三顆大卵石，接近大西瓜的體積，跟一尊土地公相伴。

我大膽猜測，三顆大卵石理該是此間發現的，可能因為體型碩大，迥異於其他小卵石，或曾顯靈，特別供奉為神。至於何時發現顯跡，恐怕還得探問當地人。

過去，它是座不及人高的小祠時，就伴著百年黃連木。如今高鐵從旁經過，它也煥然一新。在土地公的奉衣上，我看到了「高鐵車隊烏日站管理委員會」等字。然後，外牆的安座大典捐獻名單中，中華工程捐了二十多萬元，排名第一。可見這座小廟和老樹，跟高鐵的關係匪淺。當初高鐵想砍除此樹，鬧得新聞見諸各媒體，現在轉而虔誠祭祀，其中的轉折變化，頗耐人尋味。

正在尋思，只見一婦人前來祭拜。我以為，她勢必是附近的老住民，才會如此虔敬地供奉。不意，她的回答令我錯愕，竟是一家香港餐飲連鎖集團Noods Café駐高鐵台中站的負責人。

她說餐廳過年後才開業，競爭很激烈，光是一個台中站就有七八家同業。經人指點，她得知這兒有一間和高鐵相關的廟祠，便來此祈福，盼生意興隆。高鐵才通車一年，看來此廟已成周遭新興行業的保護神了。

離開時，發現旁邊水泥堤防貼有一醒目紅紙，以毛筆書寫著：「高鐵厝仔福德祠／農曆二月二日頭牙有作戲／請高鐵團隊司機小姐先生蒞臨參拜」。見及此，不禁莞爾。

我再走往另一棵大樹。那是一棵氣根綿延的正榕，本身供奉著樹王公小祠。旁邊緊鄰的，還有一座福德祠。榕樹周遭也有卵石，堆疊成基座。這些卵石錯落有致，小的若棗子，最大者也不過棒球之體積，年代似乎頗久遠。不像黃連木周遭，似乎都是新近高鐵施工後，才堆放的形容。

這間廟祠更大，也很新，六年前才重新安座，叫筏子溪福德祠。筏子溪乃緊鄰高鐵旁邊的大溪，穿過烏日和大肚山間。裡面祭拜一顆大卵石，亦如西瓜之大。比較特別的是，卵石旁側除了供奉土地公，還有一尊土地婆，而且土地公戴著華麗的王爺帽，想必此地曾發生非凡事蹟。

不久前這兒舉辦尾牙，特別請戲班來作戲，給土地公婆看。從供奉的卵石色澤研判，明顯係久遠年代出土的那種，現在整理過的地面，恐怕更難發現。這間廟祠，我也打躬作揖，深深敬拜，沒祈求什麼。

兩座廟祠旁都置放著儲水箱，顯見荒地上，非常缺乏水源。這些水多半供給拜拜者使用。放眼周遭，除了高鐵龐然地橫跨而過，這塊筏子溪西岸的環境，處處都有卵石暴露，呈現一片荒原景象。

厝仔福德祠的大卵石，不知發跡顯靈於何時。

黃連木伴著厝仔福德祠，面向大肚山，守護著三和村。

其實，往昔這裡是水稻綿延的環境，附近的農夫引用筏子溪的水源灌溉，一如目前大肚山山腳的富麗。此地可能晚近被政府或財團搜購，整併為高鐵開發用地。不少水田因而廢棄，成為荒涼的草原，等著興蓋高樓。小雲雀暫時遂能快樂地鳴唱，在此繁殖下一代。

以前水田遼闊時，兩棵老樹遙遙相對，勢必為淳樸的鄉野風景。兩座小廟，一面向筏子溪，一朝向大肚山，各自守護著湖日村和三和村，庇祐周遭的產業。此外，有廟必有路，當初少說應有一條田埂路，由此抵達筏子溪邊，經由現今台一線的集泉橋通往烏日鎮上。

我如此想像著過去的美好，雖時移勢轉，仍期待著兩棵大樹，還有相伴的土地公，同樣庇祐高鐵。接著，繼續拎起背包，走向大肚山，準備探看那座傳聞許久的古厝。(2008.2)

附註：舊址已搭蓋遮雨棚，腹地也擴大了。

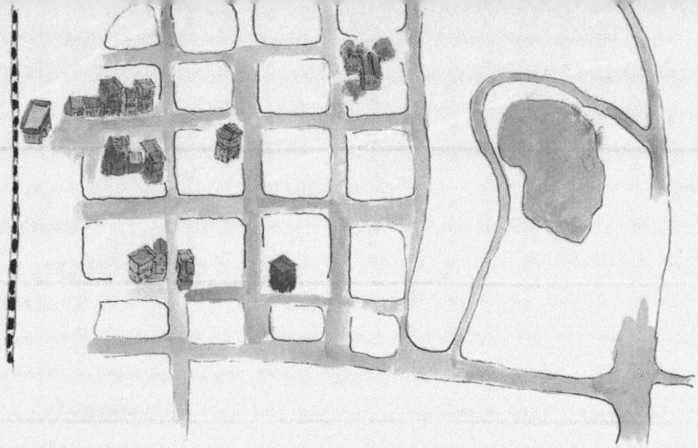

風物尋味

侯硐站前的兩家麵攤

坐落在昔時產煤的黑色小鎮中心，侯硐車站有些改變了。

不知何時車站塗上了紅漆，敷上新牆。整個死灰的車站，硬是嵌入了現代感的鮮豔裝置。昔時髒亂的廁所也重新整修，隱於樓梯一角，不再成為進入車站的門面。

總之，橫豎怎麼看，它都像一個鄉下老人，戴著時尚的耳墜子和鼻環，教人嘖嘖驚奇。

但是走出車站，侯硐還是一樣荒涼。龐大的瑞三礦廠，依舊以廢墟佇立著。一排黑色屋頂為主的一二樓平房尾隨在後，不規則地集聚一叢。另一側還有一間新建的礦工文史館，似乎想要詮釋侯硐的什麼煤礦歷史，但遲遲未開放，也接近一間蚊子館的內涵了。

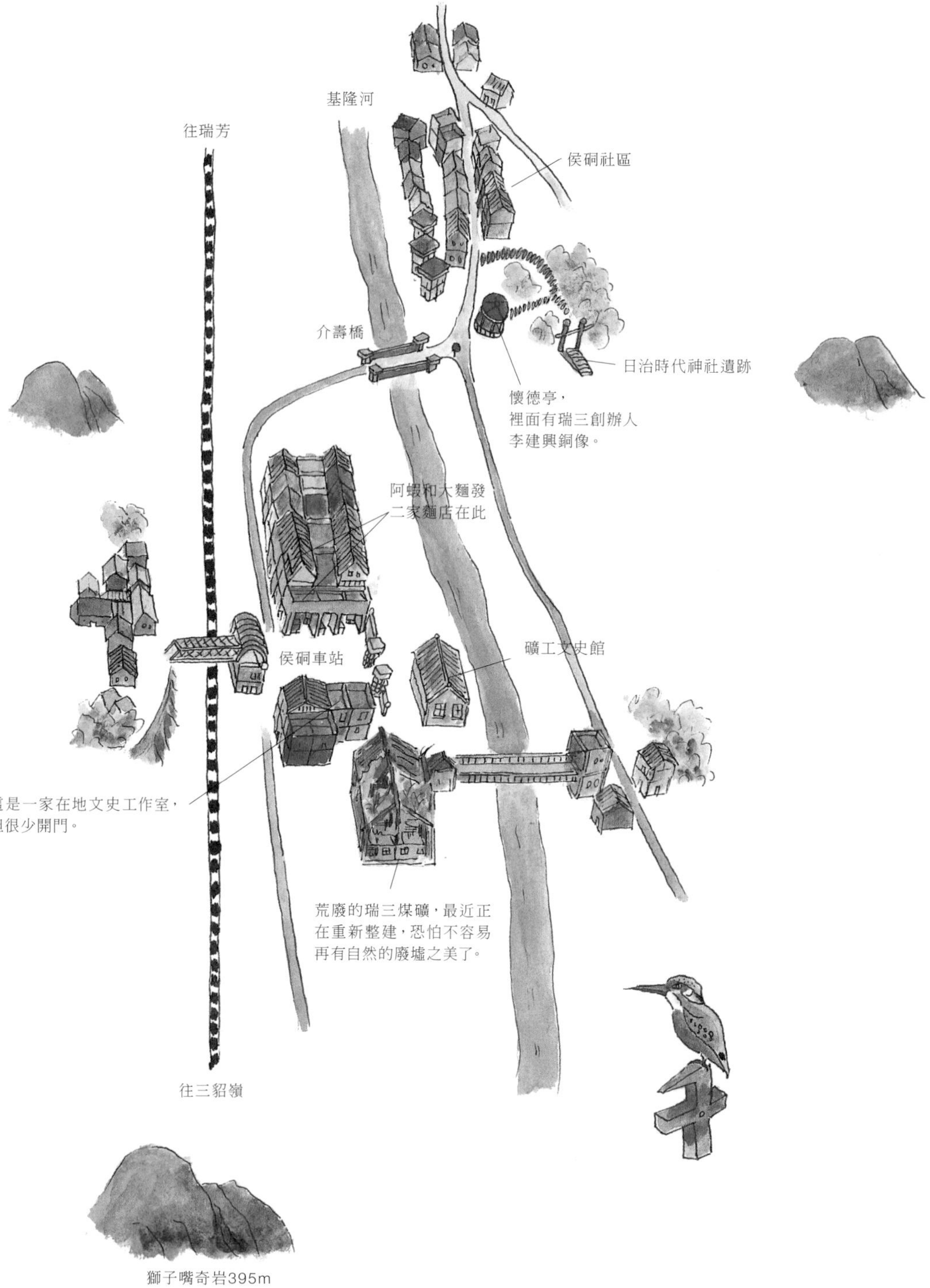
基隆河
往瑞芳
侯硐社區
介壽橋
日治時代神社遺跡
懷德亭，
裡面有瑞三創辦人
李建興銅像。
阿蝦和大麵發
二家麵店在此
侯硐車站
礦工文史館
這是一家在地文史工作室，
但很少開門。
荒廢的瑞三煤礦，最近正
在重新整建，恐怕不容易
再有自然的廢墟之美了。
往三貂嶺
獅子嘴奇岩395m

寂靜的車站前，彷彿只剩下兩家古早麵攤還活著。它們一大早便開爐營業，忙碌不停。

通常，光顧兩家麵攤的顧客，並非本地人，大多是外地來的遊客。遊客中，又以登山健行者為多。

當他們搭火車在此下車，或往產金的九份、金瓜石，或往產煤的柴寮、新寮。不論哪個方向的古道和山徑，路途都有些漫長，或者艱辛。嫻熟門道的，都會在此稍事緩身，享用熱呼呼的麵食再出發。好像不吃這麼一點，那種出發就少了什麼力量。而且，說真的，方圓六七公里，沒什麼飲食店了。

兩家麵攤不止相互競爭，也相互影響。剛開始或許不同，幾十年下來，賣的內容便相近了。注意看擺在透明櫃子裡的小菜，豬頭皮、鯊魚煙、脆腸、透抽等等，都是從瑞芳菜市場批購的，講究新鮮乾淨。至於，炒出來的，或有鹹淡差別，但都相當家常口味。

不少山友來此，習慣點盤鯊魚煙。但近年來全球鯊魚數量遽減，對於這道小菜，我早已不再點用了。所幸，兩家的美味不止這道。白切三層肉，還有紅糟肉，一樣受到好評。

侯硐車站前的民宅，多以油毛氈鋪蓋屋頂。此材質省錢，但幾無隔熱功能。

每回，我在此下車走路，縱使已經吃過早餐了，也不脫俗例，照樣要點個什麼小菜的，添個肚子再說，彷彿這樣才提得起勁走路。

地方小吃，多擅長傳統風味。這兩家因為都超過半甲子了，而且長年競爭，下麵的功夫硬是了得。登山人不談，一般遊客初次嚐著，難免滿口詫異，這等荒涼之地，何以有如此傳統道地的小吃。

尤其是黃昏時，若有登山人下山，準備搭火車回家，又餓又累下，這兩家麵攤彷彿兩盞明燈，溫煦地在黑暗的山谷點亮著。

那時吃到的小吃更充滿暖意。這兩家麵攤往往也從早一擺，直到下午六點才收工。我更見過，有些人山爬不動了，還會專門開車回來吃麵。除了滿足口腹之慾，也懷念在這兒爬山的歲月。

我若在黃昏到來，除了小菜，還會叫碗傳統竹簍子川燙的麵條。它們的麵食包括陽春麵、米粉或油麵。有些人特別偏愛乾拌麵，煮好的麵條淋上特製的肉燥，再添增一些韭菜，甚而加配一顆滷蛋，似乎就很滿足了。我則偏愛油麵的溫熱和湯頭，畢竟走久了，需要補充水份。

橋上有鐵道通抵瑞三煤礦，往昔煤礦車和
礦工來來去去，相當熱絡。

從西邊小村遠眺侯硐車站，想及早年的繁華，
愈發感受此地的沒落。

阿蝦小吃店主要由阿蝦主廚，相較於男主人，
她比較沈默寡言。

從月台望向侯硐車站，還以為充滿現代感，
其實只有局部如此。

時有開名車、騎重機人士，
為這桌菜餚專程而至。

大麵發夫婦協力合作，手藝頗受好評。

兩家麵攤的主人都是老夫婦。彼此間什麼時候互不相往來，恐怕都記不清楚了。因為競爭激烈，難免有些較勁的情形。比如，他們都曾私下跟我抱怨，另一家比較貴，或者小菜口味有一些缺失。

離車站略遠的那家，叫阿蝦小吃店，早在侯硐礦業興盛時就開張了，當時是由現在掌廚的阿蝦的公婆所經營。阿蝦的先生，以前是這兒的鐵道員，退休後婦唱夫隨，一起做生意。

你跟這前鐵道員報我的名字，他會特別高興，因為我在登山指南裡介紹過侯硐的麵攤，但他常強調自己的小店特色，刻意忽略另一家。更愛宣揚一些電視旅遊節目來此走訪的記錄，店裡便有幾張跟那些主持人的合照。鐵道員也喜歡吟詩作詞，牆壁上即有一幅對聯，「小店名氣大，老酒醉人多」，足見其舞文弄墨的雅好。

另一家大麵發麵店，夫婦更是鶼鰈情深。他們手腳俐落，不因高齡而遲緩。老太太搭配老先生的下麵，舀湯、燙菜、切肉，默契絕佳。倆人或許識字不多，但記憶力頗好，客人洋洋灑灑點了七八碟小菜，上菜時未見疏漏，結帳時，還能馬上說出多少錢。雖說精明，他們的態度和善，面容慈藹。每個客人很快就能感受到他們的真誠。

阿蝦煮麵總是靜靜地，隨你坐多久都沒關係。鐵道員興致一來，還會跟你天南地北的閒扯。大麵發夫婦若得空閒，也會過來溫馨地問候，「以前來吃過嗎？」「好吃嗎，有無要改進的？」「真是多謝你們的光臨啊！」

兩家緊緊相臨的麵店，到底哪家好吃，還真難說個分明。菜色大抵相同，價錢公道，也都很衛生，跟其他風景區相較，都是價廉而道地的小吃。

我在網路上曾經看過兩則留言。一則說，「我是當地人，就住在一百階，從小到大，都是吃最旁邊的。」另外則是這樣的發言，「我住在鐵路宿舍，從未吃過大麵發的。」

我有時在這家吃，有時在隔壁吃。希望兩家都能長遠經營下去。但我很懷疑，再過三四年，兩對老夫妻都難以工作時，下一代是否願意經營，在這個偏遠而荒涼的山谷裡生活。

我更擔心，這座山谷的溫暖感覺，將隨著這兩家麵攤的結束，悄然畫上休止符。(2007.10)

平溪線的箭竹筍

提及平溪線，除了天燈、鐵道和煤礦，不知你還會想到什麼？

最近，我沿著這條路線旅行，有了一個新發現。不論在哪個小鎮落腳，都會看到老漢老嫗三五成堆，長時地蹲坐在騎樓，或者涼亭間。走近細瞧，他們圍聚的位置前，總是隆起一堆箭竹。每個人都在忙著剝箭竹筍，閒暇時兼以聊天。

這樁剝箭竹筍的工作，除了寒冬，箭竹筍難發新芽之際，因摘採不到而停歇，其他時節都在進行。放眼望去，整條平溪線，從十分老街以降，迄及終點站菁桐，乃至鐵路未及的一坑、二坑等偏僻之壤，都有剝筍的形影，形成此地獨特的產業。

以前的認知裡，北海岸和花東縱谷才是箭竹筍的最大宗產地，平溪線再怎麼輪，都沾不上邊。但晚近在此，我卻看到一種精彩的生活風味，那是別的箭竹筍產地，無從媲美的。

提到這等風味，或許還得從此地筍類的分布談起。

初時，從物產的分布，我便充滿好奇。平溪線的北邊是盛產桂竹的雙溪，南方則為綠竹遍布的石碇和深坑。但為何夾在中間的小地方，獨獨成為箭竹的重要生長區？

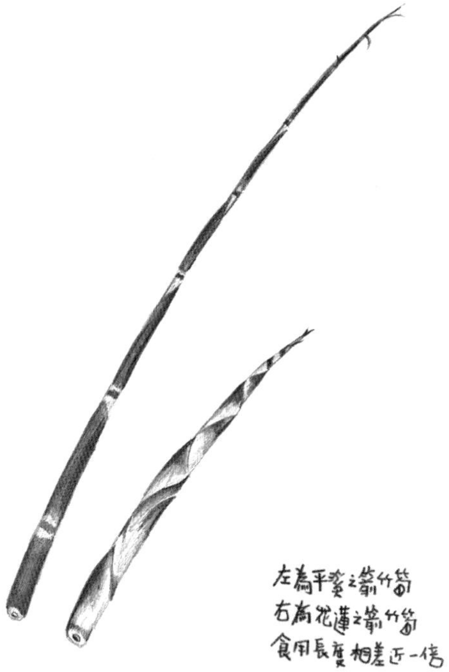
左為平溪之箭竹筍
右為花蓮之箭竹筍
食用長度相差近一倍

我大抵有如下的觀察：平溪線所經之處大都是狹窄的山谷，山稜更是陡峭，不適合在山坡地大面積栽植桂竹。而幾個小鎮，居住的泰半是老人，上山工作負荷恐怕過重。再說綠竹筍，需要長時間的施肥、耙土和除草等等細膩的工作，更非老人的體力能夠應付。唯有箭竹，不需要太多的照料，最符合此地的條件。

妙的是，他們獲取箭竹筍的方式也跟其他地區截然不同。一般都任憑箭竹漫山遍野地恣意生長。等時候到了，再拎個麻袋，鑽到林子裡摘採。過去，還有採箭竹的筍農，鑽得太深，回頭時竟找不到出路，迷失於林海中。

此地住家，往往就近在村落附近的空地，闢一塊旱地栽植。於是，當遊客走出小鎮鬧街，彎進旁邊的小鄉道，輕易便發現了一叢叢的箭竹田。同時，邂逅當地人在箭竹田裡工作，或者運載著箭竹筍出來。

等有機會就近觀察剝筍，我更覺驚奇。此地的剝殼方式很特別，跟北海岸的大異其趣。以前在淡水，看到農人採回去的，不過二十來公分。剝殼後，只餘十公分左右的筍心。

花蓮的箭竹筍較平溪線的肥大。

平溪線的箭竹，卻枝枝長達半公尺以上。剝竹的方式更是特別，除了粗硬的竹節，凡碧綠、脆嫩的竹身都保留。半公尺長的箭竹筍，往往可折個五六段，經濟效益遠大於北海岸的。

這等儉約難免讓人疑惑，我不禁指著竹身粗大的部份問當地人，「這樣好吃嗎？」

他們往往肯定地點頭，堅稱道，「我們這兒的品種不一樣，比陽明山的還甜。」

台灣只有兩種箭竹，另一種在高山，此地品種和北海岸是否不一樣，我可持保留態度。但說到「甜」的部份，還有為何此地都能摘到半公尺長的筍苗，我倒是看出了點名堂。

老人們剝箭竹筍時，都會把筍殼放置一堆。過不久，箭竹筍剝完，攏聚成堆的空殼也裝入麻袋。用一輛小推車，推回箭竹田當肥料，據說這樣才能持續長出好吃的箭竹筍。

沒想到，在有限的腹地，以及缺乏人力的條件下，他們動腦筋，轉個彎，竟發展出此番細膩的農作方式。

箭筍心和筍殼都是寶，前者販售，後者當有機肥。

但我還想得更深，仔細回顧平溪線，自七〇年代煤礦採集沒落後，晚近因天燈再度吸引人潮。這些年例假日時，經常湧動著不少人潮，幾條老街上的商家日顯活絡，唯引進的小吃美食新意不多。

但箭竹筍就有種啟發和榮光，不僅帶來價值不菲的經濟效益，同時兼具了環保永續的精神。其他地區食用箭竹筍，總是把筍殼直接丟棄。很少如此悉心地再利用。這等循環的農耕哲理，自是教人感佩。

我當下買了一包，一斤約一百五十元。相較於台北，便宜許多。當下還就近找了店家，叫一盤加豆瓣醬熱炒的箭筍嚐鮮。原本，顧慮莖節帶有粗糙纖維的生澀之感，未料卻出奇地脆嫩。我一邊食用，遠望著老人們，仍在一角繼續剝殼。那箭竹筍的清新，竟也在心裡，悄然溢出了一絲微甜的幸福。(2007.11)

老街旁的箭竹田，乍看彷彿荒廢的草叢。

這裡那裡都在剝箭竹筍。四月至十月，如此景象在平溪線屢屢上演。

宜蘭線上的火車便當

冬末時，搭乘火車去花蓮，接近宜蘭線的頭城時，突然聽到列車長廣播，大意如下：「本列車便當已經賣完，列車上若有便當零售，非本局之便當，若乘客購買，恕不負責。」

這句平時列車廣播裡不會出現的話，馬上引發了我的興致，隨即起身，尋找賣便當的人。我在台北車站就買了一個，剛吃飽不久，並不餓。但我還想再買一個。我不只要買，還要看看賣便當的人，是不是以前認識的，那位賣冰淇淋的歐利桑。

這位歐利桑，鐵道作家吳柏青在《搭火車遊台灣》裡面介紹過。姓黃，是礁溪人，在火車上賣冰已有三十多年。你若搭乘宜蘭線和平溪線的火車，看到一位拖著圓筒形冰淇淋推車的人，筒子上的黃色牌子寫著「阿宗芋冰城」，八成就是他了。

在宜蘭線火車上買到的福隆月台便當，多為這家發記製作的。

如果沒有算錯，他應該已經七十二歲。去年，我帶一群孩子在侯硐等火車時，買了十幾球。他才樂得跟我談天，閒聊自己的鐵道工作經歷。

不過，千萬別以為他是鐵路局的員工。他是跑單幫的。每天一早買張瑞溪到汐止的票，老人票，半價。靠著這張票，他不斷地搭火車來回，上下月台。時而莒光、復興，時而區間、普通，平均一天，在這段路線來回三趟。平常只做宜蘭線的生意，星期假日時兼做平溪線。

賣冰淇淋有季節性，通常三月至十月。天冷了後，就換賣便當。但便當不像冰淇淋，非得向頭城的冰店批發。他選擇自己做。畢竟，買人家的賣，成本高達四十元，不划算。自己做的，不過二十五元左右。按一般行情賣五十元，賺到的利潤就多了。說到這冬天便當時，歐利桑眉飛色舞，神情真教人難以忘懷。

二十五元成本的冬天便當會是什麼形容呢？我十分好奇，想親自買一個瞧瞧，因為最近帶小朋友玩火車之旅，其中一堂就是「火車上的便當」。我猜想，剛剛列車長廣播的可能就是他。

衝著千禧年而購買的紀念便當。

在這之前，我們已經追隨了好一陣鐵路便當的熱潮，買過不少地區的紀念飯盒，譬如台鐵千禧年的鐵盒便當、泰安火車節的檜木便當。甚至，還去台北市區的街上買了最近流行的頭份「車頭便當」。

買台鐵的，理由很庸俗，只是想在千禧年蒐集一個圓形的鐵路便當盒。要泰安的，則是純粹喜愛那木頭的方形飯盒。客觀地評斷，頭份「車頭便當」的滋味，教人最想再三眷顧。有趣的是，頭份無火車經過，亦無車站。哪來的「車頭便當」。原來。它指的是公路局的車站。三十幾年前，頭份可是南下北上的必經之站，便當行業之競爭自可想像。

但無論是哪一種，鐵路便當還是得在火車上享受，隨著火車的律動，才有意思。再者，這幾款便當，要不價錢偏高，就是菜色過少，難以享受物超所值的快樂。

我們搭乘宜蘭線和花東線旅行，購買池上或福隆便當時，才能全然體會這樣的樂趣。

上「火車上的便當」課時，我也特地帶孩子，遠到福隆去體驗

泰安站的檜木便當很搶眼，
不過，不會有人捨得使用吧。

宜蘭線過了石城站，就可以望見海。天氣晴朗時，龜山島清晰可見。

福隆便當。出發前，為了清楚分辨各家滋味，一大早，我就慎重地先試吃一個台北車站的台鐵便當。在福隆，大家只吃「福隆月台便當」。但老師必須以身作則，於是我又吃了車站左邊的「鄉野便當」，以茲比較。如此情形下，你能想像，一個人在中餐前吃了三個鐵路便當嗎？

台鐵的傳統排骨便當售價六十元。不論是台北、台中、高雄、花蓮站或車勤服務部製作的，通常只裝了五、六道菜餚。菜色冷清，而且幾乎都是暗褐之色澤，一如台鐵的售票服務，不易感受到暖意。

至於福隆便當，通常只賣五十元，鋁箔紙盒裝的，含九道菜色，面相豐富遠勝一籌。尋常有滷蛋一顆、香腸一片、瘦肉一片、五花肉一片、豆干一片，些許高麗菜、酸菜、菜脯，以及最重要的代表—雞捲。

比較有意思的差別在賣的位置。台鐵便當多半擺在車站大廳或候車室旁的福利社。由一名忙著販賣各種物品的小姐，從透明、冰冷的玻璃櫃子或桌面拿出。一手交錢，一手交出發票和便當。有時則是在擁擠的車廂，跟你手忙腳亂地銀貨兩訖。

福隆的便當則是在月台上，當火車抵達福隆站時，三兩婦女拎著長方形的籃子，沿窗口兜售。便當盒都用條毛巾小心地覆蓋著保溫，交到你手上時，總傳送一股暖流。

至於哪一種好吃呢？那次我特別問了，有位小朋友的形容相當生動，「台鐵的便當像學校的午餐，但福隆的比學校的好吃。」小朋友的話算不算準確呢？端賴各位評斷了。

說來也真巧，那天竟一直走到車尾，才看到賣便當的人。那人背影纖瘦，吃重地拎著便當袋，似乎賣不出去，倚靠在車門快要下車了。遠看有點像歐利桑。但接近時，他正巧回頭，是一位皮膚黝黑瘦小的年輕人。長相像失業很久的樣子，把台灣最近的不景氣都刻畫在臉上。列車長廣播後，似乎就沒人敢買他的便當了。我慢慢

黃老先生也是特殊風景，
現在似乎見不著他了。

靠近，掏出五十元的銅板時，他竟有些不敢相信。

未見到歐利桑，難免有些失望。回到座位，望著便當，開始猜想裡面會是什麼樣的菜色呢？那時候向歐利桑打聽，大概是一塊滷肉、半個滷蛋、一塊豆干、一塊醃蘿蔔，一些酸菜，如此零零總總，搭配白飯。

是不是，現在失業率高，很多人也開始在火車上搶便當生意了？手上的也是二十五元成本的？甚或更低廉？想起歐利桑精打細算的快樂，再想起福隆便當的美味，我竟有些不敢開啟了。(2000.12)

以前平快車車窗可以開啟，
購買福隆月台便當很方便。

大埤、小米蝦和池上便當

光復初年，放置在月桃葉上，三角形的手工飯團，不知是如何的典雅形容。從高山下來，吃著池上車站前購買的，兩家相近的木盒便當時，我忽地想起近乎一甲子前，在此販賣的飯團。

這種池上便當最早的前身，任何旅人若看到，相信也都會流口水的。它的內容如下：黃蘿蔔、梅子、烤肉、瘦肉片、豬肝、炸蝦餅、蛋餅。此外，還有卜肉！但最讓我感到激動的菜色，大概是混在蝦餅裡的小米蝦了。

我翻撥著買來的兩個便當，雖然米粒個個滑潤，十種菜色亦色澤飽滿，彷彿地方物產都到齊了。只可惜，就是找不到小米蝦。記憶裡，每回來這兒買便當，也從未看過小米蝦餅。

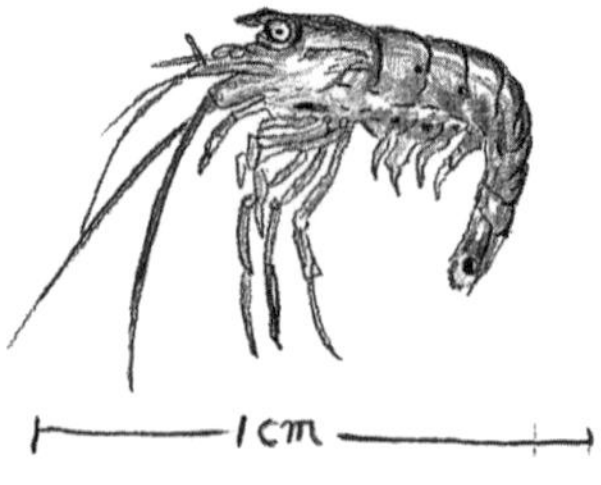

多齒新米蝦

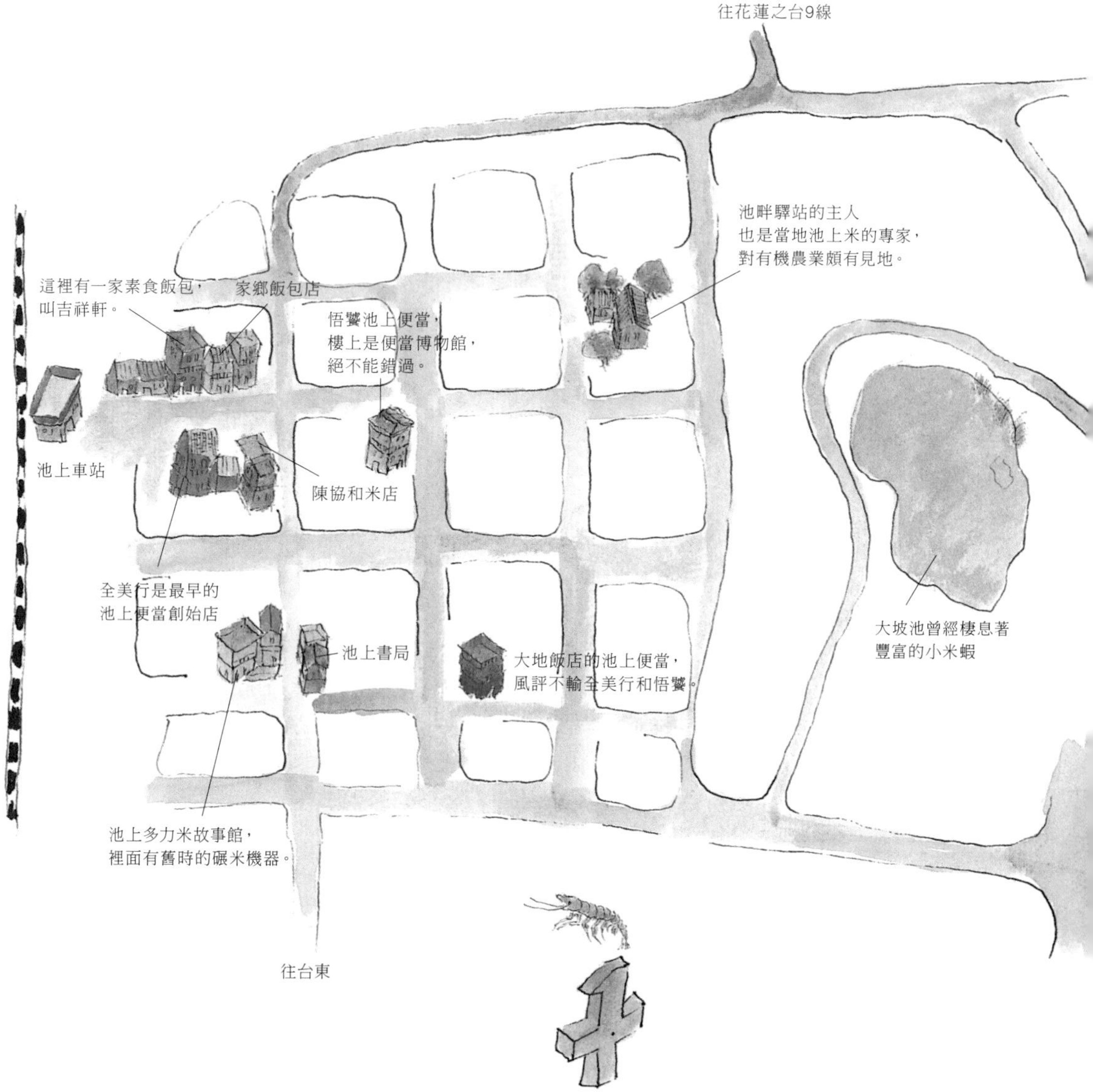
往花蓮之台9線
池畔驛站的主人
也是當地池上米的專家，
對有機農業頗有見地。
這裡有一家素食飯包，
叫吉祥軒。
家鄉飯包店
悟饕池上便當，
樓上是便當博物館，
絕不能錯過。
池上車站
陳協和米店
全美行是最早的
池上便當創始店
池上書局
大地飯店的池上便當，
風評不輸全美行和悟饕。
大坡池曾經棲息著
豐富的小米蝦
池上多力米故事館，
裡面有舊時的碾米機器。
往台東

第一代的池上便當是飯團，裡面有小米蝦餅。

為什麼要特別找小米蝦呢？原來，小米蝦是附近大坡池的特產。池上之名，池上之米，都和這歷史著名的大埤息息相關。過去經過池上，往往都會順路拐個彎，瞧瞧這個大池的狀況。

大坡池係由地下湧泉匯集，形成花東縱谷最大的淡水沼澤溼地。日治時代，植物學者已經來此調查自然資源了。大坡池早時非常遼闊，據說比現今的大上好幾倍，湖上常有竹筏人家，撐著竹篙在池面上梭巡，採摘蔬菜，捕捉魚類。撐遊竹筏的經驗，也成為當地老人家最懷念，且朗朗上口的美好記憶。

三角飯團出現時，它是知名的台東八景，當時的池上鄉有七十多戶人家，靠著大坡池捕魚蝦養鴨為生。只是大坡池的風光迅速不再。一九七〇年代，幾次大颱風造成池水日淺，加上水利單位圍湖闢田，導致水域面積急劇縮減，短短十餘年光陰，竟淪為三、四公頃的小溼地。

到了一九八六年前後，大坡池更是嚴重陸化，剩下的面積還不到兩公頃。為何特別記得這一年？原來，那時台灣的賞鳥活動正興盛，台東的鳥友邀我到大坡池。他們把這座池子視為台東溼地環境的重要典範，水鳥棲息種類之豐富，媲美台北的關渡沼澤區。那時，大坡池面臨消失的危機也一如關渡，搶救溼地之聲此起彼落。

我也在那時知道了小米蝦，學者取的正名叫多齒新米蝦。當地人隨便從池子裡，拎起一棵布袋蓮，下面濃密的根鬚，就藏匿著許多小米蝦。但晚近去觀察時，同樣的動作，總是好不容易才找到一二隻。這是池上便當後來沒有小米蝦的主因。小米蝦不再豐富，源自於大坡池的生態全然改變了。

九〇年代時，縣政府擬訂了大坡池風景區的發展計畫，以觀光遊憩為名大興工程。此後池邊全面增建設施、砌石填土。不但人工島堵住了湧泉，大面積的卵石砌岸也取代了自然風貌。情況之險惡，不輸早年池面縮小的危機。結果，非但觀光的效果未達成，當

大地便當的米粒特別香Q，在品嚐過的池上便當裡，我對此米飯的評價最高。

地人對大坡池的感情也被封死了。

直到最近，經過一番檢討，採用當代流行的減法工程，去除掉一些礙眼、大而無當的建築，大坡池才逐漸恢復過去的景觀。如今紅色拱橋、露營區等都消失了。靠近東側的池邊則興築了枕木步道，同時栽植了許多特有水生植物。一個保持原始農村風貌的池面，開闊而美麗，依傍著阡陌水田，以及遠方的高山雲海。大坡池因而額外的清亮，煥發著綺麗田園的風貌。相對於花蓮鯉魚潭周邊擁擠的商家，此間池邊零星的公共建築，反而讓人愈發珍惜了。

唯有池裡面的荒島，依舊存在，成為爭論的焦點。當地人士解說後，徵詢我的意見。我有些為難，畢竟自己只是過客，觀察不免不夠周全。勉強只能提出兩個看法：

「步道是否太接近池邊了？」

「能不能保持島上的荒涼？」

我一路繞著湖岸，不論是走在過去的水泥步道，或者是現今的枕木步道，都覺得太接近岸邊。這對一個湖泊的壓力太大。按現在的生態理念，步道可以距離遠一點，有些地方可以適時繞到內陸的

昔時大坡池上多竹筏，如今已相當罕見。

林子，增加曲折，讓池水和陸地有更緩和的接觸空間。同時，局部的步道可以栽植適合的植物，形成隱密的空間，多數動物才會將這兒視為可以久留之環境。

荒島是過去大興土木滯留下來的廢棄物，有些當地人士積極地主張剷除，恢復成舊貌。但我以為，挖走大量沙土，必須花費龐大的經費，而且施工期間難免對生態環境有所衝擊。還不如，保留小島，讓它荒涼，或局部改變地理，切割小島成三四區塊，形成島中之島。時日一久，反而會吸引其他動物的到來，尤其是罕見的秧雞科和鷺鷥科鳥類。

小島和隱密空間的局部形成，或許不是原來大坡池的既有面貌，但這樣的設計，更貼切地接近當代對溼地功能的期待，也讓舊有的大坡池引發一個新空間的思維，和社區進行下一波文化風物的互動。說不定，小米蝦的池上便當也會在這個悄然變革的過程裡，重新復活。(2005.8)

在池上到處可見稻田開闊，水圳蜿蜒的秀麗風貌。

愈燒愈旺的奮起湖老街

兩年前一場突然冒出的火災，讓老街後半段焚毀不少，但奮起湖似乎愈燒愈旺了。

被形容為老鼠走道，短短不及兩百公尺的狹小老街，如今更加擠得水泄不通。以前，例假日時，遊覽車還可直接開抵鐵路邊的牌樓停靠，讓遊客從容下車。現在，嫻熟的司機都生怕陷入壅塞的車陣，堅持停靠在鎮外的停車場。

這樣也好，遊客自個兒循後面的蜿蜒小巷，瀏覽著長滿龍鬚菜、樹蕃茄的老圃菜畦，也有了緩步摸索的樂趣。

過去由石桌沿公路進來，當地人栽植的龍鬚菜一路蔓發，如今老街周遭也常蔚然成片。打開奮起湖便當，即可見這道時令菜餚。樹蕃茄則是晚近栽植，迅速繁殖的外來種。近端午了，街上到處可

通往神社遺址的步道，是瞭望奮起湖小鎮的最佳地點。

見販售，巷弄間的空地也有一株株，以小喬木的硬朗挺立，垂掛著火紅的果實，儼然成為此間最具代表性的果物。

坐落於山谷間的奮起湖，大致以鐵道和老街為主幹。鐵道在上，老街於下，相互平行，其他街衢巷弄再各自縱向，銜接這兩條主幹。小巷幽靜彎曲，素樸而乾淨。再加上，錯落的石階，難免讓人聯想到九份之類的山城。

火車來時，最是熱鬧。火車一天不過泊靠三四回，遊客們聽到轟隆聲，多半會從下方的老街冒出，擠到月台湊熱鬧。整個村鎮的活絡，似乎因而更沸騰了。上下車的遊客，賣便當者，以及觀看的人潮，混亂喧闐，常使月台和周遭變得像擁擠的嘉年華

老街小吃琳瑯滿目：愛玉子、樹蕃茄、混蛋、春捲冰淇淋、醬菜、便當、火車餅，傳統的、新興的，任君挑選。

會。這般繁囂，總要等火車離去了，遊客們又縮回下方幽黯的老街，才告歇息。

那像是滾開的水，轉為小火，繼續蒸發的狀態。百年來的奮起湖，彷彿都是這樣，稱職地扮演著阿里山鐵道的中途站。

但四五年未訪，卻發現老街還是有了鮮明的轉變，尤其是兩年前火災的洗禮，導致老街的美食出現快速的遞換。好些特產和小吃都消失了。比如，曾經短暫出現過的畚箕餅，現在少有人聽聞了。例假日時，尋常出現的草仔粿，也未再出來擺攤。一間旅遊指南特別推薦的水餃店更不知何故，閉門深鎖許久。

值得慶幸的，聲譽卓著之便當，

還是有其屹立不搖的地位。愛玉子、公婆餅和火車餅，迄今仍是這兒的特產。因而到了這兒，若不吃一二個便當，喝個愛玉子，或者買三四盒禮餅，彷彿沒來過。

以前，我也常推薦火車便當。比如街頭的奮起湖大飯店火車便當，以滷雞腿為主角，眾所皆知。老街尾的阿良鐵枝路便當，以紅糟肉起家，晚近也逐漸受到饕客讚賞。

但無論哪一家，每回來，老是吃便當，好像翻讀相似的懷鄉文章，不免漸感疲憊。其實，便當的內容早該革命了。早年搭火車經過奮起湖，難免擔心之後的行程，吃飯無著落，加上生活簡約，火車便當的份量自然受到期待。

只是，現今阿里山風景區餐廳小吃林立，早已不愁吃喝。沉甸的米飯便當，固然充分滿足大食量的饕客，對一般遊客而言卻很傷腦筋。吃光便當，不僅肚腹撐得難受，還得拒絕其他美食，不吃完又暴殄天物，真是何等折磨。奮起湖便當的未來，不妨增添小型米飯餐飲，一解遊客的懷鄉，身心也無負擔。

再者，愈來愈多人享用火車便當，恐怕也會在乎，食材能否反映地方特色，研發出創新的美味。火車便當的懷舊鄉愁，在食材上的突破，顯得迫切需要。

這次去，正逢桂竹筍季，原本期待，抵達現場，喝到新鮮的竹筍湯，未料餐廳提供的湯料，竟是醃漬過了的桂竹筍片，大大地折損了，直抵產地品嚐第一手食材的雅興。

我因而嚴苛自己：第一次到奮起湖，吃便當很上道，第二回再去，若還吃便當就是蠢蛋了。反觀老街因為競爭激烈，出現了更多樣的美食。擱下便當，空個肚子逛街，尋覓各種小吃，更能享受到遊逛的樂趣。

話說這條老街的飲食競爭，或許是其他老街難以想像的激烈。

其他老街，我們還不難看到二三家賣著同樣特色的小店並立著。在此除了坐落不同弄衢不同配料的便當，每家小店都有自己的食材內容。縱使是傳統老店，都努力地研發新的物產，提供遊客再度走訪的驚喜。新近的一些小吃，似乎也是朝這樣的面向發展。外行的人看到的是便當，內行的人看到的應該是這些小吃的創意。

比如，這幾年崛起的鐵蛋。據說是滷完風乾，再滷。如此反覆六七天，充分地滲進了茶葉和蜂蜜的滋味。試吃軟皮的口味，不免驚歎其滑嫩，硬皮的也比淡水的阿婆鐵蛋清淡，少了濃鹹之虞。

還有一家茶葉皮蛋小攤，採用台南鹽水鴨蛋。以中藥、茶葉浸泡兩個月，再用紅土把鴨蛋包起來。雖然半信半疑店家真有這種用心，但試吃，還真吃到一種過去未曾經驗的清香。

我還邂逅一攤街尾的春捲冰淇淋。花生酥是從北港帶來的，整個製作過程乾淨明快，內容還考慮到不會過度甜膩，那種講究彷彿在當代摩登大街，才有這等包裝。

有位老婦也把竹崎的水晶餃特產帶到這兒，以樹薯和竹筍等材料，現場製做、蒸煮。餡料不輸山下的口味，外皮的嫩度也合宜。

阿良鐵枝路便當以紅糟肉為獨家特色，過去是採茶婦人常訂的飯盒。

更有一家過去以賣手工豆腐出名的店家。店內的招牌，以冰涼的新鮮豆腐，沾上現磨山葵，吸引遊客光顧。現在還研發了健康的豆渣餅。以豆渣加上麵粉、紅蘿蔔、玉米、韭菜、洋蔥等，慢火油煎，烘出可口的圓餅。

檜木咖啡也是最近風行的飲品。老街的文史工作室首開這種創意的沖煮方式。端上來的咖啡裡面，摻了一塊稱為「檜木花」的薄片檜木。咖啡杯上再蓋上一片檜木。經過數分鐘的浸釀，檜木香味四溢。

新興的小吃流動而多變，很有可能在下回走訪時，因為生意不好而收攤。但是新的攤販又會繼續取代，引進新的物產。在老街走逛，最大的享受，就是這種小件小物的瀏覽和採買學，享受豐富而多樣的吃喝玩樂。

其實，在奮起湖還有兩項重要的物種，值得尋訪，如今卻殊少人提及。它們是阿里山十大功勞和山豬耳。十大功勞是著名的中藥，阿里山到處可見栽植。奮起湖外圍的菜畦，偶爾也會看到這種特殊物種，老街卻無此類藥茶的研發產品。山豬耳則分布在糕仔崁古道附近，似乎很少利用了。我很期待，有朝一日能夠在老街買到

山豬耳草散布在糕仔崁古道旁，葉大而厚實，很適合用來包粽子。

一顆山豬耳包裹的粽子，那是端午時節當地居民習慣的食物。

此外，阿里山山區盛產茶葉，緊鄰的石桌更是盛名的茶區，但奮起湖老街始終未聞茶葉蹤影，頗教人不解。一條被茶園包圍的老街竟無茶店出現，那詭異也真值得尋思了。(2006.10)

活在鐵路便當下

從台北車站搭乘台鐵或高鐵，若是中午時分，總想買個鐵路便當。車站的餐飲如今多元豐富，為何專挑它？其實，並非它比較好吃，而是難得吃到吧。再者，處於那樣的旅行狀態時，除了鐵路便當，其他食物似乎不容易搭配鐵道情境，因而就甚少考慮了。

另外，還有幾種似是而非的說法。

其中一則很弔詭，聽說擁有這種鐵路便當情結的，多半是上了年紀的人。年輕時，經常搭乘火車南下北上，習慣了以便當果腹，現今仍舊眷戀。

還有一種說法更誇張。以前上了火車，因為人多，等到餐車挨近時，便當經常售罄了。日後怕挨餓，乾脆就先買了。這種買不到

台北六十元排骨便當，
我最常吃！

便當的恐懼，迄今仍潛意識的存在。

記憶中的鐵路便當，多半以排骨為主菜。過去，偶爾還見過滷雞腿和魚類。配菜則以醬瓜、紅枝、黃蘿蔔等醃漬小物，搭配滷豆乾、香腸、雞捲之類。大抵而言，鮮有綠色時蔬，不符合現今的養生觀。

如今，物價指數節節上漲，鐵路局的傳統排骨便當卻始終維持六十元售價，雖然份量不若從前扎實，仍不免讓人感受，經常誤點的台鐵也有其良善的一面。有時我都覺得，自己會去買鐵路便當，支持的就是這種廉價的精神呢。此外，買這種最便宜的便當，大抵有種感覺：吃它，好像在吃一種回憶。

或許是迫於物價成本，幾年前，鐵路局推出八十元的便當，裡面多了一些炸肉片和新鮮蔬菜之類，菜色明顯加料。便當有等級之分時，好幾回，我坐在自強號上，看著享用八十元級的人，流露一種彷彿擁有名牌衣物的神情。這種八十元的驕傲，總教人發噱。

唯六十元的基本款還是普羅大眾的最愛，造訪台北的台鐵便當本舖，不難發現它的陳售數量獨占鰲頭，從早到晚皆有。至於八十

台北一百元排骨菜飯便當。
喔，對不起，咬了一口，才記得拍照。

台中八十元排骨便當，
感覺時蔬多一些。

元的加料版，因製作數量不多，遇見的機會殊少。此後，鐵路局似乎嗅聞出便當商機，陸續研發多款百元級便當。

其中，一百元的排骨菜飯便當，據說便賣得嚇嚇叫，已經成為台北車站的美食。有些人不坐火車，還專門跑來購買。有時搭配活動，鐵路局也推出紀念款便當，價錢豪華，竟也造成排隊風潮。鐵路局販售便當的利潤，說不定比一些火車路線賺的還多。開個玩笑，哪天火車乾脆不要跑了，省得老是因誤點而挨罵，專賣幾種有口碑的便當，或許比較輕鬆。

我吃鐵路便當，有一不疾不徐的習慣。不論在哪一個車站，購買之後，都先研究一番。食用前，先抄錄菜色。什麼福隆、池上或奮起湖，凡鐵路便當之內容以及價錢，我大抵有一個小本子，條列清楚。

我更大的樂趣是，追探便當的食材來歷。千萬可別小看裡面的菜餚，即使是什麼紅枝、醬瓜，可能都有特別來頭。有時聆聽店家的敘述，都不免驚奇他們的費心。比如，知名的池上全美行便當，選用成功出產的柴魚熬煮成一道小菜；又或福隆便當裡頭的雞捲，有的店家特別選自宜蘭，因為那是當地出名的小吃，有的則偏愛瑞

花蓮六十元排骨便當，便當蓋很有氣質，但是哪一條河呢？

芳製作的，據說香氣十足。

這等對待小物的悉心，不易被旅客察覺。更可惜的是，製作便當的人，似乎也忽視了這等食材的包裝美學，可能會帶來更大的商機。日本便當之所以迷人，大抵便是什麼都講求，每一種都要追本溯源，好讓這一餐吃得滿是意義。

話說回來，台北車站的鐵路便當雖有口碑，其他幾站就要靠運氣了。台中車站販售的八十元便當倒是充滿文化氣息，紙盒外貌印製著日治時代火車站前的廣場。排骨之外，還有時令青菜、醬菜、海帶，以及花生小魚干。比傳統的排骨便當豐盛，但風味就見仁見智了。

有一回，在高雄新左營車站搭乘高鐵北上時，我注意到那兒並無傳統的鐵路便當，只賣一百元菜飯便當。它的菜餚和台北的略為不同，米飯扎實如磚塊，而且竟寄託在7-11商店裡。菜餚滋味尚可，只是排骨如同嚼蠟。我只買過一回，就失去購買第二次的勇氣了。

台北車站的菜飯便當就不一樣了。青江菜飯，加上滷排骨和滷

台北一百二十元鰻魚便當，
買不到菜飯便當的無奈選擇。

蛋，口味不說，整體呈現的細緻就值得大大稱許。這等排骨菜飯，彷彿是美食當道下，發展出來的普羅美食，儼然有取代六十元排骨飯之態勢。

所幸，台鐵仍有所本。就像車種宜有快慢，便當亦然。傳統排骨便當依舊堅持六十元的價格，我覺得那是一種品牌的堅持，一種中流砥柱的簡樸象徵。

我因這樣的感動，堅持只買六十元的，堅持在快速的高鐵，繼續享受這種舊時的滋味。吃了它，感覺好像還活在某一個節約刻苦的年代，那是集體奮發的味道。一邊吃著，一邊坐在快速的高鐵上南下，好像傳統和科技文明可以共存。這等情境，傳統排骨便當最為實在。(2007.12)

台北八十元滷雞腿便當，
比較少見。

15週年重修感懷

15年後重讀，拙著裡懷有濃郁的浪漫，偏好尋找生活風格的樂趣，清楚放大了。

那時藉由大眾載具到處漫遊，雖已感知，減少炭排放的鐵道旅行，會是未來生態永續的重要實踐方式。但信念還是不夠成熟，也還不知如何規劃新路線。

四年前，完成跟鐵道相關的下一本《小站也有遠方》後，我才有大距離徒步的概念和體驗。

如今回顧每篇作品裡展露的生澀，難免尷尬，但這是過程勢必發生的應然和實然，沒有這種鐵道迷的執迷，就不會有下一個階段的開展。

我珍惜這些，認真對待每一件鐵道元素的貼心和快樂，那是後來不可能在身上發生的。11元，這樣的初心，應該不容易回來了。

火車奔馳，是一首永無結束的詩，在大地的稿紙上，不斷寫下新的句子。鐵道迷亦然，一代復有一代，繼續享受挖到寶藏的單純滿足和愉悅。

那一年，我為自己的生活留下註腳，或許也不小心地，引導了這樣的旅行模式。(2023.10.19)

Taiwan Style 84

11元的鐵道旅行（15週年新版）

作　　者｜劉克襄

編輯製作｜台灣館
總 編 輯｜黃靜宜
專案主編｜朱惠菁
行政統籌｜張詩薇
原版美術設計｜蘑菇・李美瑜 賴美如 王春子
新版封面設計｜王春子

發 行 人｜王榮文
出版發行｜遠流出版事業股份有限公司
地　　址｜104005台北市中山北路一段11號13樓
電　　話｜(02)2571-0297
傳　　真｜(02)2571-0197
郵政劃撥｜0189456-1
著作權顧問｜蕭雄淋律師
輸出印刷｜中原造像股份有限公司

2009年 5 月 1 日　初版一刷
2024年 2 月 1 日　新版一刷

定價450元

Printed in Taiwan
ISBN 978-626-361-473-4（平裝）

國家圖書館出版品預行編目（CIP）資料

11元的鐵道旅行／劉克襄著. -- 二版. -- 臺北市：遠流出版事業股份有限公司，2024.02
224面；22×17公分. --（Taiwan style；84）
ISBN 978-626-361-473-4（平裝）
1.CST：臺灣遊記　2.CST：火車旅行　3.CST：鐵路車站　4.CST：旅遊文學
733.69　　112022893

遠流博識網　http://www.ylib.com　E-mail:ylib@ylib.com
遠流粉絲團 https://www.facebook.com/ylibfans